普 天 之 下 · 盡 是 好 書

普天出版家族
Popular Press Family

凌雲文創
A Plus Creative Company

黛恩 著

改變心情，就能心想事成 全集

Change Your Mind

與其抱怨環境，**不如調整自己的心境**

作家西里曾經寫道：「**同樣一件事情，用不同的心情去面對，最後所得出來的結果，通常會大相逕庭。**」
確實，心情是決定事情成功與否的重要關鍵，心境一旦改變，事情就會朝不一樣的面向發展。
遭遇失敗、挫折、痛苦的時候，與其怪罪環境，不如調整自己的心境。
生命是由喜悅與悲傷、幸運與不幸、希望與失望交織而的，想要心想事成，就必須試著改變面對環境的心情。

•出版序•

與其怪罪環境，不如調整心境

當打從心升起想要改革變新的想望，擁有徹底執行變革的決心，我們才有可能為自己的未來增添一點正面的改變。

碰上了倒楣的事情或不如意的際遇接連不斷，人常常會感到氣餒沮喪，同時心裡也會浮現正面與負面的想法。

正面的想法是認眞思索如何改變自己眼前的生活，爲自己找到新的出口，至於負面的想法則是找出各種藉口，怪社會，怪環境，最後怪罪週遭的人，內心充滿負面、消極的情緒。

很遺憾的，大多數陷在困境裡的人選擇了後者。

很多時候，人並不是不知道自己應該做什麼、應該怎麼做，而是打從心裡不想去做，於是，開始編織藉口自欺欺人。

有些人經常在抱怨。抱怨別人不體諒他，抱怨自己不得志，抱怨這個世界不公平，抱怨人生不順遂。

然而，這樣一味怨天尤人的人，真的不知道要如何去改變自己的現況嗎？不，他們比誰都清楚，但就是不肯面對現實。

一個學小提琴的年輕人，因為抑鬱不得志，只好站在街頭演奏，期望路過的人欣賞他，而後在他的琴盒裡投入零錢。雖然他不以乞丐自居，但事實上他的行徑也和乞丐差不多了。

有一天，他在一家高級餐廳不遠處的路口，拉起了他的小提琴。過路的行人來來往往，但總是匆匆擦身的多，停駐聆聽的少，更不用說肯從口袋裡掏出錢來資助的人了，他的收入幾近於零。

他閉著眼睛拉著琴，想起自己的遭遇，忍不住悲從中來，熱淚盈眶。奏完一曲，他張開眼，發現前方站了一位年紀頗大的長者。

那個老人說：「年輕人，你的演奏很動人，你有這樣的天賦，不應該在這裡乞討度日。」

他覺得這個老人看起來很眼熟，立刻想起自己曾經在報紙上看過這個人的面容。他就是石油大王洛克菲勒，全美國最富有的幾個人之一。

年輕人忍不住張口結舌地說：「您是……洛克菲勒先生？」

老人笑著說：「你好，我是洛克菲勒，一個靠搬運油桶為生的老頭。」說完，從口袋裡掏出一張紙鈔交給他。

紙鈔中夾雜了一枚硬幣，隨著老人掏錢的動作掉了出來，一路滾到了水溝旁才停了下來。

年輕人看了看硬幣一眼，本想撲過去撿，但又覺得這樣的舉動好像太失禮也太沒有面子，於是便假裝不在意的樣子。

沒想到，他沒有行動，反倒是洛克菲勒先動了。只見洛克菲勒慢條斯理地走過去將硬幣撿了起來，而後還謹慎地將硬幣上的土灰擦去。

看到洛克菲勒的舉動，他驚異極了，一時間脫口而出：「洛克菲勒先生，要是我像你那麼有錢的話，大概就不會在乎那一毛錢了。」

洛克菲勒將手上的硬幣放回口袋裡，而後丟了一句：「也許，這就是你現在會靠乞討爲生的原因吧。」便轉身離開了。

他愣了好一會，猛然醒覺時，洛克菲勒已經走進一大段路了。他連忙追上前去，氣喘吁吁地請洛克菲勒停步。

他說：「洛克菲勒先生，我想請求您，請讓我用這張紙鈔跟您交換剛才那枚硬幣，好嗎？」那張白從洛克菲勒給他以後，一直被他緊緊握在手中的紙鈔，有一點發縐了。

洛克菲勒深深地看了他一眼，而後同意了這項交換，離去前還拍了拍他的肩。

而他，看著那枚硬幣在星夜下閃著光芒，終於下定了一個決心。

幾年後，洛克菲勒受邀參加一場音樂演奏會，演奏會結束之後，樂團裡的小提琴手來到他面前。

小提琴手對他說：「洛克菲勒先生，請問您還記得這枚硬幣嗎？」說完，小心翼翼地從胸前的口袋裡，取出一枚擦拭得晶亮的硬幣。

洛克菲勒見狀，開心大笑著說：「我當然記得，那可是我花出去最有價值的一枚硬幣呢！」

遭遇失敗、挫折、痛苦的時候，與其怪罪環境，不如調整自己的心境。生命是由一長串喜悅與悲傷、幸運與不幸、希望與失望交織而的，想要心想事成，首先就必須試著改變面對環境的心情。

古往今來，絕大多數名人賢士都是苦過來的，他們的經驗和現在的我們又有多大的差別？他們告訴我們怎麼做就可以超脫困境，怎麼說就可以擺脫困苦；他們提供了許許多多的生活態度與方法。這些態度與方法，我們眞的不知道嗎？那麼，爲什麼不願意做？

說穿了，答案就是現實的困境讓我們苦，但要執行那些態度與方法讓我們更痛苦。我們吃不了苦，只好得過且過。

這樣的我們沒有權利抱怨，因爲這景況是自己的選擇。

人生過程當中的順境或逆境，其實都是心境造成的。貝多芬曾經寫道：「在困厄顛沛的困境中，能堅定不移，甚至還感謝這個困境，這就是一個人真正令人欽佩的不凡之處。」

或許我們無法改變環境，但至少，我們可以掌握自己面對它的情緒。只會自怨自艾的人沒有未來，我們必須強迫自己改變！當打從心升起想要改革變新的想望，擁有徹底執行變革的決心，我們才有可能爲自己的未來增添一點正面的改變。

PART—1 用自信激發全新的自己

一旦能夠將那種不如人的感覺加以排除，就能夠放手去發揮本有的技巧或學識，為自己爭取更多的優勢。

PART—2

充滿信念，就能渡過難關

每個人都難免遭遇困頓的環境，也許我們無法改變環境，但至少改變自己的心情。只要心中仍有信念，人生總有可祈求的希望存在。

PART—3

先處理心情，再處理事情

一個健全的社會人，該是一個能夠處理自我情緒的人。我們想要培育更多健全的社會人，便應該從當個健全的父母開始做起。

PART—4

放鬆心情，才能激發潛能

在湖裡泛舟，越是快速搖槳，越是容易打滑，反而變成在原地打轉。如果放輕槳上的力道，切水而入、撥水而行，便能夠順利地前進。

PART—5

遇上困境，不妨換個角度省思

跳出問題的框框，以客觀的角度去琢磨不同的情境，我們就能重新面對過往以為的絕境，並找到新的出路。

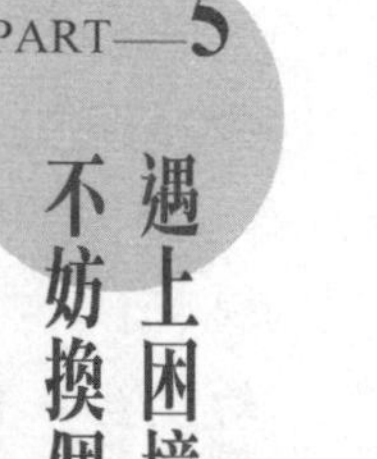

PART—6

人生只有選擇，沒有準則

別人的眼是看不到你的感受的，每個人的想法都不盡相同，什麼是對、什麼是錯，也沒有一定的準則。

PART—7

在絕望的時候，不要忘了心懷希望

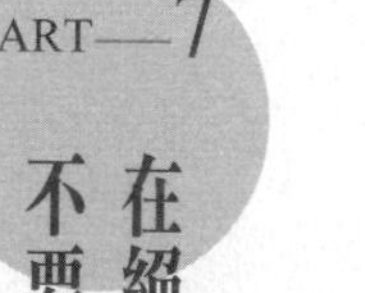

人生彌足珍貴的兩件寶物——一件是樂觀且積極的心態，另一項就是一股屹立不倒的信念。

PART—8

自己的未來只有自己才能點亮

過去的榮譽和恥辱只能代表過去，真正能代表一個人一生的，是他現在和將來的所作所為。

PART—9

將失去轉化為另一種獲得

得到和失去其實是相對的，為了得到，需要失去，因為失去，可能又意想不到地獲得了。

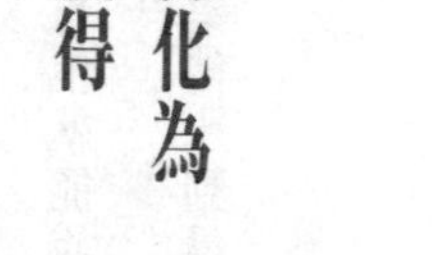

PART—10

自己的快樂自己決定

所謂「得之我幸，不得我命。」得到之前，似乎不難保持這樣的態度，然而，當我們面對失去時，就很難坦然視之了。

Part 1

用自信激發全新的自己

一旦能夠將那種不如人的感覺加以排除，
就能夠放手去發揮本有的技巧或學識，
為自己爭取更多的優勢。

充滿自信，就能改寫生命

每個人都有缺點，要做的不是對自己的缺點視而不見，而是要想辦法讓缺點找到合適的出口，讓它們變身成對自己有利的優勢。

美國西部歌手金‧奧特雷剛出道的時候，一直想改掉德州的鄉音，故意穿得像都會紳士，唱流行歌曲，結果卻遭到觀衆的嘲笑。

經過這次挫折，他徹底改變，開始用德州腔唱自己最拿手的西部歌曲，終於開創輝煌的演藝生涯，成爲世界知名的西部歌星。

這則軼事說明了，每個人都有有別於他人的特點，當我們看重這個特點，特色就成了優點；當我們厭惡這個特色，特色就變成了缺點。

一個人如果討厭自己，就會讓自己變得討人厭；一個人如果不覺得自己值得愛，就很難會有人愛。

莎士比亞曾經在著作中說過一段饒富深意的話：「假使我們將自己比做泥土，那就真要成為別人踐踏的東西。」

確實，人生最重要的一件事就是肯定自己、賞識自己，因為，你認為自己是什麼，最後你便會成為什麼。感到自卑的時候，只要懂得轉換心情，就會讓自己充滿信心，許多看似困難重重的事情，也會因為你的轉變而心想事成。

凱絲．戴利從小就很自卑，她有一張寬大的嘴和微暴的牙齒，始終讓她耿耿於懷，抬不起頭來見人。

其實，在凱絲的心裡一直有個夢想，希望有一天能成為一個出名的歌手。但是她不只沒有勇氣把這個夢想對別人提起，連自己也沒有信心能夠完成。畢竟，她只敢在沒有人的時候開口唱歌，根本不敢在大庭廣眾下演唱。

凱絲的沮喪不是沒有原由的，在每個人都得表演節目的高中畢業派對上，她曾鼓起勇氣地選擇唱歌這個項目，但結果相當悲慘，讓她從此信心全失。

那一天，她穿著母親給她的白色小禮服，撐著顫抖的雙腳走上舞台，音樂一響起就跟著開始演唱。可是，她實在太在意她的暴牙會被人看見，於是想盡辦法噘著嘴唱，結果，整首歌有好幾句都跟不上節拍，變得零零落落，音樂和她的歌聲各行其道，越緊張越忘詞的她最後完全唱不下去，只能紅著臉枯站在台上，承受眾人的哄堂大笑。

當時，她眞恨不得能挖個地洞鑽進去，只能帶著沮喪和難堪逃下台。

後來，音樂老師史密斯夫人把她找了來，誠懇地對她說：「凱絲，其實妳的嗓子很好，應該可以唱得更好的，可是妳唱歌的時候總像是在掩飾著什麼，感覺扭扭捏捏，很放不開的樣子。」

凱絲猶豫了好一陣子，才羞紅了臉，把自己對於牙齒的想法向史密斯夫人說了出來。

史密斯夫人聽了，對她說：「這有什麼關係呢？暴牙並不是什麼罪過，它也是妳身體的一部分，爲什麼要拚命掩飾？如果連妳自己都不喜歡自己，別人又如何喜歡妳？如果妳敢大聲開口唱歌，妳的歌聲一定會受許多人喜歡的，說不定妳這口牙齒還能給妳帶來好運氣！」

凱絲想了幾天，終於決定接受音樂老師的建議，先不去想自己的牙齒，只專注於唱歌這件事，漸漸地，她能眞正盡情開懷歌唱。

凱絲的不斷努力，讓她得以開始歌唱事業，並且成爲一位頂尖的歌手，她的大嘴和暴牙則成了她的個人特色，還有不少人想模仿她呢。

人必須對自己充滿信心，英國十九世紀知名的評論家湯瑪斯·卡萊爾曾經十分嚴厲地批判說：「相信自己正確的人，會強過國王的萬軍；懷疑自己的正確性之人，連一點力氣也沒有。」

我們爲什麼要成爲一個扯自己後腿的人？批評我們的人已經夠多了，爲什麼還不肯給自己一點鼓勵、一點機會？

故事中的凱絲如果不是自己想通，必然沒有機會成爲夢想中的歌手，也沒有機會讓她富有特色的歌喉成功展現在大衆面前，因爲她連開口唱歌都不敢，別人又怎麼可能聽得到？

每個人都有缺點，要做的不是對自己的缺點視而不見，也不是任由缺點打擊我們的未來，而是要想辦法讓我們的缺點找到合適的出口，讓它們變身成對自己有利的優勢。

有自信就能創造奇蹟，爲什麼？答案很簡單，正是歌德所說：「有自信，別人也就相信你。」

想要得到成功，就必須相信自己絕對能夠成功。

自己決定的生活，就是好的生活

如果我們不能適時把積極的靈魂展現出來，便不會知道真正適合我們的是什麼，心中真正想要的又是什麼。

大多數人孜孜不倦地努力工作，是想從中得到讓自己幸福、滿足的感覺，可是，當我們有了穩定的工作與平穩的生活之後，往往驚訝地發現自己過得不快樂，心中充滿著改變現狀的渴望。

爲什麼會這樣呢？這樣不快樂的生活眞的不能更改嗎？

事實上，你的人生軌跡並非得如此朝陰霾的方向發展，只要換個心情思考自己要的到底是什麼，你一定可以幫自己下定決心。

文學家拉爾夫．愛默生認爲：「世界上唯一有價值的東西是積極的靈魂，每個人都享有擁有這靈魂的權利，每個人都將這靈魂隱藏在自身之中。」

如果我們不能適時把積極的靈魂展現出來，便不會知道眞正適合我們的是什麼，心中眞正想要的又是什麼。

雷諾茲本來在美國杜爾沙市的一家大石油公司擔任財務助理，工作遠景可期，既穩定又有高額的收入。他有一個家庭，賢慧的太太、三個活潑的小孩，閒暇時，他還喜歡畫畫。他的畫頗有水準，不只裝飾在辦公室的牆上，甚至有人願意花錢來買。

由此看來，雷諾茲的生活可說是人人稱羨了。可是，雷諾茲卻始終覺得自己的生活有一點小缺憾，因爲他想要有更多的時間作畫。

目前的工作環境雖然很優渥，自己在公事上也處理得得心應手，但是如果能夠有更多的時間拿著畫筆在畫布上盡情揮灑，雷諾茲才能眞正感到心滿意足。

在雷諾茲的心裡有個想法，他希望能夠搬到新墨西哥州的陶歐斯城去，專心當一個全職畫家，在那個藝術家的天堂裡，徹底享受藝術的浸潤。但是，這個決定非常冒險，意味著他必須放棄現有穩定的生活，移居到新的市鎮，也意味著他的家人將因此受到影響。

他找機會試探性地對妻子提起這個決定，想聽聽妻子的看法與意見。想不到，她聽了，立刻歡欣鼓舞地說：「太好了，如果我們賣掉這裡和家具，就可以在陶歐斯開一家畫具店，還可以兼賣畫框。平時我來看顧店面，這樣你就能夠盡情作畫了。我相信只要我們全家同心，一定可以成功。」

在妻子的鼓勵下，雷諾茲眞的辭去了工作，舉家搬遷到陶歐斯。剛開始，日子確實難過了一點，但是雷諾茲的家人並不因此而潑雷諾茲冷水，反而盡力去分擔種種的事務，讓他可以無後顧之憂。

雷諾茲深深爲家人的付出而感動，激勵自己一定要在畫壇闖出名聲，在日以繼夜的努力之下，終於成爲美國西南部最成功的畫家之一。

現在，他是陶歐斯城畫家協會的會長，他的畫作曾在美國各地風光展覽過，在陶歐斯最熱鬧的市街上，擁有一家畫廊和畫室。

雷諾茲的抉擇，在別人看來頗有風險，但在家人的全力支持下，這個抉擇變成了通往成功之路的關鍵決定。

有一句頗有意思的話是這麼說的：「人字有兩撇，人的一生要向左走還是向右走，得靠自己來決定。」

有的時候，我們雖然過著旁人稱羨的生活，但自己心裡卻有著一種小小的遺憾。那種遺憾無以名狀，好像少了一點什麼，又好像多了一點什麼，總之就不是剛剛好的狀態。

因此，我們雖然生活如常，但卻漸漸失去衝勁與活力。

學學雷諾茲吧，找出自己眞正想要做的事情，找出自己心中眞正的夢想，然後大膽去實行。或許旁人會嘲笑你，嫌你愚蠢，但是，你至少曾經努力尋夢築夢；你可能有美夢成眞的一天，也可能體會幻滅的時刻，但無論如何，你都曾經爲自己努力過，經驗和感受將使你感到由衷的驕傲。

作家塞爾曾經說過：「除非經過你本人同意，否則沒有人可以替你決定你自己要過的人生。」

每個人的人生，都應該儘量由自己決定，當然，決定之後，所有的後果也應該由自己一肩承擔。

做決定的時候，一定要保持心情穩定，如此一來，透過自己的種種決定和經歷，我們更能看清：自己決定要過的生活，就是最棒的生活。

用自信激發全新的自己

一旦能夠將那種不如人的感覺加以排除，就能夠放手去發揮本有的技巧或學識，為自己爭取更多的優勢。

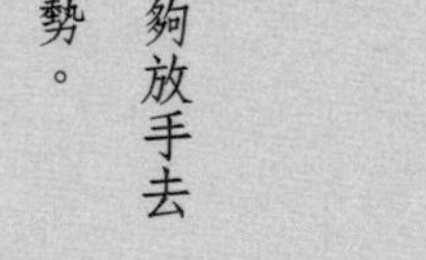

在這個不景氣、隨時都有失業危機的時代，很多人的情緒就像是浮動油價起伏不定，而且容易被消極思想誤導，動不動就陷入悲觀之中。

其實，人生最重要的課題，就在於身處困境，感到徬徨迷惑之時，能否克服自卑情緒，讓自己的心情保持平穩，充滿信心地走出逆境。

美國勵志作家馬克斯威爾．馬爾茲曾說：「使我們產生自卑情緒並影響生活的，並不是在技巧或學識上不如人的認識，而是有不如人的感覺。」

一旦能夠將那種不如人的感覺加以排除，就能夠放手去發揮本有的技巧或學識，爲自己爭取更多的優勢。

海曼自從丟了工作以後，活得非常落魄。

一個鐘頭以前，他從銀行裡把存款全領出來，共是一百六十七美元三十美分，這已是他所有的全部財產了。要是把這筆錢花光以前還沒能找到工作，就得喝西北風了。

想到這裡，他不禁覺得頭痛，低著頭苦思接下來該怎麼辦。他也知道得盡快找到一份餬口的工作，但是現在時機那麼壞，上哪找好工作去呢？上個星期，他向朋友請託安插個職位，結果對方很快地就拒絕了，讓他在心裡感慨不已。當眞是人一倒楣，連狗都懶得理會。

沮喪的海曼，低著頭走著走著，突然看見路旁有個錢包。他左顧右盼了一下，整條路前前後後只有他一個人，撿起錢包一看，裡頭裝滿了面額一百元和兩百元的鈔票，數一數竟有一萬美元！

錢包裡除了錢空無一物，沒有任何失主的線索。腦海裡的第一個念頭是趕快把錢送到警察局，但是轉念一想，要是這筆錢能歸自己所有，那麼他就可以經營一點小生意，衣食無缺了。

於是，他開始說服自己：什麼樣的人會把這麼大一筆錢丟在路旁？連這麼大筆錢都不知道要好好保管，這樣的人活該丟了這筆錢，好好得個教訓！

就這樣，海曼將錢包放進自己的口袋裡，然後頭也不回地走了。

海曼決定要好好地來用這筆錢。他首先走進服裝店裡，換了一身氣派的行頭，花費了一百三十八美元，接下來他想好好填飽空了許久的胃。

錢包裡的一萬美元加上他原本領出的錢，讓他走起路來顯得虎虎生風、信心滿滿。他走進以前當銷售主任時常去的一家餐廳，一進門就看見之前狠心拒絕幫助他的朋友。

海曼故作姿態地走向對方的桌前，禮貌地打了聲招呼，然後挑了個靠窗的座位點上一整桌好菜。

午餐才剛上不久，那位朋友就忍不住好奇地走了過來，神情熱切地和海曼攀談：「海曼，看來你最近混得不錯嘛！」

海曼大方地請朋友喝一杯酒，態度不冷不熱地說：「還過得去，在外地忙和了一陣，累了，想休息一陣，就想回來這裡看看。一面放個假，一面看看有沒有什麼生意可做。」

他的態度，看起來就像一位精明幹練的生意人。

朋友討好地問：「對了，你之前不是託我找過工作嗎？不瞞你說，最近我公司需要一位經驗豐富的業務人才來當銷售經理，怎麼樣？你有沒有興趣？」

海曼故意不置可否，以退為進。

半個小時之後，他的口袋裡多了一份聘僱合約，週薪八百五十美元，從明天就正式上班。但是，海曼還是不動聲色地把午餐吃完，花了三十美元買單，找零全部都算小費。

而後，他以最快的速度來到警察局，將口袋裡的錢包和一萬美元交給負責失物招領的警察。

海曼的行動獲得了相當大的好評，因爲這麼大一筆數字的現金，能夠「拾金不昧」，確實令人佩服。

沒過多久，另一名警員走了過來，聽到海曼的義行，忍不住開口說：「還好你沒花這筆錢，因爲這筆錢是要用來付贖金的，裡面每一張錢都做了記號，只要你一用，就會立刻被逮捕。不過，現在不用擔心了，由於你的善行，已經爲你排除了共謀的嫌疑。」

有一句俗話說：「有錢不一定行，但沒有錢是萬萬不行。」看來海曼已經深悉其中的道理。他憑著口袋裡的萬元鈔票，幫自己建立了足夠的信心，即使他花光了所有的金錢，卻也爲他保障了穩定的未來。

有時候，人缺少的就是那一點信心，只要有了信心當作墊腳石，人看得見的遠景也更多更美好了。

人生總是充滿了高潮與低潮，要如何克服這些人生低潮，無疑是活在M型社會的現代人必修的課程。

遇到困境，千萬不要心灰意冷，首先應該要求自己保持平常心，拿出紙筆，從各個層面分析困境形成的原因，然後寫下可能的解決方法，如此才能幫自己重建信心，引導自己走向快樂而寬闊的人生。

一個人的成就永遠跟他身處逆境時，所展現的自信成正比。

無論置身什麼環境，遭遇什麼困境，只要願意試著調整自己面對的心情，這些眼前的瓶頸都會成爲通往成功、幸福的途徑。

做好口碑，爲自己創造機會

這是一個「做口碑」的時代，沒有人能夠容忍馬虎輕率，也不會有人給你太多次機會。一次不成、不好，就可能沒有下一次了。

工作沒有貴賤，差別在於人本身看待工作的態度。再微不足道、再低下的工作，都必須用敬業的態度去做。

每一份工作完成後，都有人在看，都有人在檢核，都有人知道你是不是踏踏實實地把任務完成。只有做好「口碑」，你才能不斷創造機會。

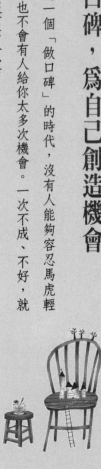

演員艾丹．奎因參與過二十多部電影的演出，其中包括〈心靈的樂聲〉、〈邁克爾．柯林斯〉等片。

然而，奎因並不是一飛登天地獲得成功，事實上，他從很小的時候就已經在幫忙家計了。

十一歲時，他開始接替哥哥原本的工作，早起幫忙送報紙。

這份工作看來簡單，其實做起來並不輕鬆。每天天未亮就得起床，騎著自行車到報社拿報，而後依著自己負責的路線，沿路送報到每一戶訂報的人家。

準時是非常重要的，奎因深深明瞭這一點，報紙的訂戶會希望在清晨六點時，報紙就好好地躺在家門口。奎因發現，如果他晚到了，他們就會站在門口等，臉上露出不耐煩的神情；相對的，如果他工作做得好，就可以得到一筆可觀的小費。

這段工作經歷，讓他養成了一個習慣，就是無論做什麼樣的工作，都會全心全力地投入其中，盡可能地達到每一項工作要求。不管是在食品工廠幫忙包裝，還是幫忙刷油漆，抑或是在屋頂上塗防水用的瀝青，他都一樣認真盡力地去做。

他深切地相信，只要努力工作，盡力讓自己表現出職業水準，就能從那份工作裡獲得更多。

後來，他更將這份認知，應用在他的演藝工作之中。

他的工作是扮演各種角色，而他的目標則是演什麼一定要像什麼，只要做得到、做得好，就能因此再得到更多更好的角色演出機會。假使有一個場景需要他跳水，在導演要求之前，他一定會練習跳好幾次，直到自己能夠確定演好為止。如果導演覺得表現得不夠好，他也會一再配合、一再修正自己的演出，只到導演喊「OK」。

奎因的敬業精神是有目共睹的，他曾和劇組一起到巴西的叢林裡拍電影，一路上他都和其他的演員一起幫忙工作人員搬運沉重的拍攝器材上山，穿過崎嶇的山區，沒有一句怨言。

在奎因的信念裡，演戲和其他的工作並沒有什麼不同，當一個好的送報童需要做到認真、守時、盡心盡力等要求，這些訣竅對拍電影來說一樣有用。

這是一個「做口碑」的時代，沒有人能夠容忍馬虎輕率，也不會有人給你太多次機會。一次不成、不好，就可能沒有下一次了。

即使是一張蔥油餅、一盤紅豆冰、一碗蚵仔麵線，甚或是一支手機、一台電視、一本書，只要給人的觀感不好，覺得草率輕忽，日後勢必不會再來光顧。

不只是如此，產品的每一個環節，工作的每一道關卡，之後都會有人接手，都會有人知道你是不是確實完成應做到的部分。簡單地說，只要有一個人態度隨便，就是給所有的人惹麻煩。

奎因之所以受人敬重，正是在於他敬業的態度。這樣的態度，意謂著他將工作視為很重要的一部分，他對他的使命極度重視。這樣的人必定會把交付的任務順利完成，而且做得完美。

這就是專業，這就是敬業，這就是盡責。這樣的人在告訴別人，他值得被信任，任務交給他就沒問題。一個人竭盡全力地完成自己的工作，就等於是為自己的下一步鋪路。

藉由分擔來紓解心上的負擔

為自己的人生選擇，而最好的選擇，就是藉由幫助其他的人來分擔彼此的哀傷，分享彼此的快樂。

人生旅程中，有許許多多酸甜苦辣的滋味匯聚在一起，形成了一種沉重的負荷。生命的重擔，若想一肩挑起，如何挑法，攸關我們能夠承擔多少結果。

仔細觀察載運行李的騾馬，主人往往在一側掛滿了行李貨物，另一側還要再加掛上一個大石塊，如此騾子或馬匹便能負載平衡，反而輕鬆。要是到了下個集市又採買了另一堆貨物，就可以替換掉大石塊。

非洲人習慣以竹竿挑擔，也會在竹竿的一端綁上石塊，以肩膀當支點，來平衡所需挑載的物品。

雖然這種方式很笨——為什麼不把貨物分成兩份，硬要找石頭增加負擔，但是，這些例子說明，同樣的貨物，只放在擔子的一端和平分於兩端，挑起來的結果與感受是截然不同的。

再舉一個簡單的例子，以單手提握和將重量平均分攤於兩手，明明面對的是重量相同的物品，兩手提握的感覺總是會輕省許多。

除了實際的重量可以利用均分方式省力，精神方面的壓力也可以借用分散注意力的方式。

巴特勒女士意外失去了她的小女兒。一天晚上她的女兒飛奔到陽台上歡迎她回家，結果衝力太大，不小心衝出陽台，墜樓身亡。巴特勒女士一時間難以接受，精神幾近崩潰，過於悲痛的結果，整個生活全然走樣。

有一天，社工人員帶了一位老太太來看她。這位老太太負責主持一個慈善機構，專門協助收容流浪街頭的幼童，幫助他們找到新生活。

老太太對巴特勒女士說：「妳成天待在這裡哭也不是辦法，不如來幫幫我吧，我年紀大了，實在照顧不了四十幾個孩子。妳需要勞動來忘懷憂傷，而他們需要人照顧來遠離顛沛流離的生活，你們彼此需要。」

巴特勒女士同意了老太太的建議，從照顧流浪街童的工作中，重新找到活下去的力量。她將這些孩子當成自己的孩子來關懷，就好像關懷她那來不及長大的小女兒一樣。

她終於明白，當自己願意改變心情，自己心裡的哀傷便在無形中減輕了許多，走出陰霾的同時，更可以爲別人帶來陽光。

雖然我們總希望能擁有一個快樂又美滿的人生，但卻始終無法避免生命裡的悲傷時刻，爲失去悵然、爲不公憤怒、爲分別難過，也爲錯誤悔恨。我們無法逃避這些哀傷，但至少，我們能選擇用不同的方式去面對心底的傷痛。

英國哲學家培根曾經說：「如果你把快樂告訴一個朋友，你將得到兩個快樂；如果你把憂愁向一個朋友傾吐，你將被分掉一半憂愁。」

像故事中的巴特勒女士，她原本獨自一人傷心，每一天的生活都在提醒她失去了什麼，沒有辦法走出那些令人傷懷的情緒，只能不斷地難過哭泣。可是，收留街童的老太太卻給了她另一種選擇，她可以轉換心情，用另一種較健康的方式來排解自己的哀傷。

不再哭泣，並不代表忘懷了令人傷痛的事件，而是讓自己得以透過不同的形式來處理負面情緒。我們可以哭到眼瞎氣弱，但也可以化悲憤爲力量，使更多人不再哀傷。

我們可以爲自己的人生選擇，而最好的選擇，就是藉由幫助其他的人來分擔彼此的哀傷，分享彼此的快樂。

別讓壓力壓扁你

順其自然，反而能讓事情順遂完成。求得太過、想得太多、標準太嚴格，多半徒增自己的壓力，不能成就任何良好的結果。

在氣球裡不斷灌氣，氣充久了，氣球便承受不了。把氣球裡的氣洩掉是個不錯的方法，但若是能將排除氣體的動作轉換成上升的動能，那麼這股能量將能得到更好的發揮。

不論身體或心理遭遇到問題與狀況，一味地逃避和推拒，抑或視而不見、刻意忽略，都只會讓問題變得更爲嚴重。

正面迎視問題，往往會是最佳的解決辦法。

有一位年輕人來到動物園，想要應徵馴獸師的工作，特別是想要待在照顧獅子的單位。這個要求很不尋常，動物園的人事主管便特別詢問他想得到這份工作的理由。

想不到，年輕人的回答令人覺得相當不可思議。

他說：「醫生說我罹患了一種神經緊張的疾病，如果再放任下去，很有可能會精神崩潰。唯一的治療方法是去找一份高度緊張的工作，讓我可以暫時忘記對其他事物的恐懼。」

就是因爲這個理由，他才會來應徵這一份在他看來最危險的工作。

經過幾番測試、面試之後，這位年輕人成了一位相當出名的馴獅師，而他神經緊張的疾病也日漸痊癒。

從這個例子來看，解除神經緊張最好的方法，就是去處理需要神經緊張才能解決的問題。當精神壓力有了恰當的抒發出口，壓力就不會造成個人身心負面影響，反而能夠成爲一種推進的動力，讓人徹底發揮出自己的潛能。

現代的人不管想不想、懂不懂，都會蓄積不少的壓力，卻不見得知道應該要如何去排解，讓自己恢復平穩的狀態，因此產生許多心理疾病。

求好心切，是一般人都會有的反應，但是，有時候順其自然，反而能讓事情順遂完成。求得太過、想得太多、標準太嚴格，多半徒增自己的壓力，不能成就任何良好的結果，何妨用平常心看待？

歌德這麼說過：「焦急於事無補，後悔更加於事無補，前者會增加錯誤，後者會產生新的後悔。」

所以，不要對眼前的任務太過心焦，因爲毛毛躁躁反而容易亂中有錯；不要沉緬於過去犯下的錯誤，因爲把眼前工作完成才是當務之急。不要讓焦急和後悔平白無故地增加壓力，就能夠表現出應有的實力。

轉換心情，才可能心想事成

唯有鍥而不捨地努力，堅持到底不放棄，設想各種解決的辦法並且一一實行、嘗試，成功的大門才會為你開啟。

順境逆境都是人生，即將遭遇什麼際遇，或許不是我們可以決定的，但是，我們絕對可以藉由改變自己的心境，讓自己心想事成。

如果你在事業、工作或生活上遇到瓶頸，那麼就必須冷靜想出解決的辦法，不要患得患失，也不要怨天尤人。

做生意也是如此，不能只懂得一套做法，遇到挫折之時還要懂得對症下藥，才能賺取更多利潤。

哈威．麥凱開了一家信封製作公司，拓展客源與業務，是他身爲老闆刻不容緩的首要任務。想要開拓新客戶，得花費不少的功夫。

有一次，他前去拜訪新客戶，對方的採購經理一看到他就說：「麥凱先生，你不要再來了。我知道你很有名、很成功、很有錢、事業做得很牢靠，但是我們公司是絕對不可能簽你的訂單的，因爲我們老闆和另一家信封公司有二十五年的深交，你也不用再一直來拜訪我了，因爲過去三年有四十三家信封公司的老闆來找過我了。所以，麥凱先生，我建議你可以不用再浪費你的時間。」而後就委婉地請他離開。

然而，麥凱並不是省油的燈，他決定以這位經理爲目標，好好地做一番功課。很快地，他就發現這位經理有個兒子非常喜歡冰上曲棍球，最崇拜的偶像就是洛杉機最有名的退休球星。

消息靈通的麥凱有一次打聽到那位經理的兒子因爲車禍意外而住院，他的腦筋立刻啓動，透過各種關係，拿到了那名退休球星的簽名球桿。

他帶著球桿來到醫院探病，經理的兒子一臉納悶地問：「你是誰？」

麥凱說：「我是麥凱，我幫你帶了禮物來。」

經理的兒子又問：「爲什麼送我禮物？」

麥凱說：「因爲我知道你喜歡曲棍球，還知道你最喜歡這個球員，你看，這是他親筆簽名的曲棍球桿。」

看到自己夢寐以求的東西，經理的兒子顧不得麥凱的來意，興奮得就想下床來看個究竟。麥凱連忙遞上球桿，小男孩果然愛不釋手。

那名經理下班來看兒子，發現兒子精神極好，和之前幾天的委靡模樣完全不同，又看到兒子在手上把玩的曲棍球桿，便問是怎麼回事。兒子聳聳肩，只說是麥凱送他的。

下一次麥凱前去那家公司拜訪，沒有再被立刻趕出來，經過幾番努力，他終於成功簽得那家公司一筆四百萬美金的訂單。

如果麥凱在第一次拜訪受挫之後就放棄再一次嘗試，絕對不可能得到高達四百萬美金的訂單。

麥凱的成功在於他並不以失敗爲意，不因爲別人的拒絕而產生沮喪的感覺，反而利用每一次失敗的過程，累積更多觀察與了解，進而把握住每一種可能的機會，設想出解決因應的辦法，最後如願地達成自己的目標。

日本有名的實業家松下幸之助曾經如此說過：「如果抱有『真的好想爬到二樓』的熱忱，也許會想到梯子。但是，只是覺得『想上去看看』而已，就不會想到。如果有『無論如何就是想爬上去，唯一目的就是到二樓』這種程度的熱忱，應該已經去搬梯子了吧。」

一個成功者，絕對不是只靠想就能成功的。

唯有鍥而不捨地努力，堅持到底不放棄，設想各種解決的辦法並且一一實行、嘗試，成功的大門才會爲你開啓。

多一點思量，消費更妥當

一方大肆購物，一方樂得清空訂單，但是這些美麗的假象破滅之後，買方付不出錢來，店家也取不回貨物，糾紛必定產生。

人之所以會迷失、盲目，往往是因爲冀求過多自己並不需的東西，把取得這些身外之物當成生活的重心。

有一分能力做一分事，有一分能力得一分享受，如此量力而爲、量入爲出，就不會讓人生陷入虧損累累的狀態。

只有踏實地過活，才能無愧於心，也才不會讓自己陷入無法收拾的境地，進而開創出人生的坦途。

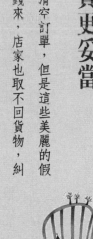

新聞記者畢維斯小時候，他的媽媽就教會了他一個道理——一個人要懂得量力而爲，特別當事關金錢，更要理得清清楚楚才行。凡事若不明不白、曖昧不清，很容易會造成錯誤的判斷，也很容易在不知不覺的情況下惹來麻煩。

有一次，他在街上的鐘錶店裡看中了一支手錶，價錢雖然不高，只需一美元，但是當時年紀小小的畢維斯，身上連一毛錢也沒有，怎麼可能買錶呢？可是，他實在愛極了那支錶，於是向店家老闆請求，可不可以先讓他把錶拿走，以後再一點一點地把錢還清。

店家老闆是認得畢維斯的，實在拗不過他的一再懇求，便答應了他。

第二天店家老闆特地向畢維斯的媽媽提起了這件事，畢維斯的媽媽立刻表示不該讓孩子在年紀這麼小的時候就有了賒欠的前例，於是立刻替畢維斯把手錶的錢付清了。

回到家以後，媽媽把畢維斯叫到跟前來，說：「把錶拿出來，媽媽有話對你說。」畢維斯只好扭扭捏捏地從口袋裡把錶拿出來，交給媽媽。

媽媽說：「你是很誠實的孩子，媽媽相信你有錢一定會還給店老闆。但是，你有沒有想過，你要到哪裡去賺這一美元呢？你沒有錢的話，不就要一輩子虧欠老闆嗎？那你能夠安心擁有這支錶嗎？關於錢的問題一定要小心謹慎，要是出了錯，可是會吃大虧的。」

畢維斯表示知道自己做錯了，媽媽接著對他說，這支錶現在還不屬於他，應該由她先替他保管，直到他有能力賺了足夠的錢，才能把錶拿走。

爲了能早一日拿到心愛的手錶，畢維斯決定靠自己的力量去掙錢、存錢。後來，只要有鄰居需要人手幫忙，畢維斯便會主動要求幫忙，一點一點賺取零用錢，不久之後總算順利拿到他期待以久的手錶。

俄國文豪杜思妥也夫斯基曾經大聲疾呼：「要正直地生活，別想入非非！要誠實地工作，才能前程遠大。」

故事中畢維斯的母親所堅持的，正是同樣的道理。

在簽帳卡、信用卡發行已久的今日，「卡奴」紛紛出現。事實上，簽帳制度並不是到今日才有的，在以前，只要是與商家熟識的大客戶，多半是能夠先取貨再付款，這種生意互動方式，取決於買賣雙方的信任。店家深信買家付得起也必定會付，便會同意讓買家先簽帳日後再一併付款；買家因爲省去攜帶大量現金的不便，因此也願意進行更多愉快的消費，最後皆大歡喜。

然而，不論買家或店家，如果有一方失去了自制，那麼，雙方的信任就會被徹底消費殆盡。一方大肆購物，一方樂得清空訂單，但是這些美麗的假象破滅之後，買方付不出錢來，店家也取不回貨物，糾紛必定產生。

重新檢視許多「卡奴」的困境，不也就是如此？

在衝動消費之前，請多想想杜思妥也夫斯基的話，多一點思量和考量，不要讓自己陷入絕望的困境。

檢討別人之前，先檢討自己

只要懂得認錯，就有重新改正的機會。最怕的是，光看別人犯了什麼錯，嘲笑別人的無恥與笨拙，卻不知自己的嘴臉也同樣骯髒。

無可諱言的，每個人都會犯錯。

雖然過錯本身有程度上的差異，但是，犯錯的行爲卻沒有太大的差異，都是不應爲而爲。

有些錯，看似小錯，好像沒什麼大不了，但許許多多的小錯，可能會累積成不可挽回的大錯；有些錯誤甚至變成其他錯誤的引線，連鎖引爆的結果，導致不可收拾的結局。

商人耶萊米夏斯．巴布金發現自己的住處遭了小偷，他的一件浣熊皮精緻大衣不翼而飛了。他找來管理員理論，沒有結果，最後乾脆打電話報警，把整棟樓都鬧得沸沸揚揚。

巴布金大吼：「我眞是氣死了，你們知道那件皮大衣有多漂亮珍貴嗎？要是讓我抓到那個小偷，我絕不放過他。」

警察很快就來了，身旁還牽著一條警犬。這條大狗渾身棕毛，鼻子尖尖的，看起來讓人不禁有點害怕。很快地，那條狗鼻頭在空中嗅了一會兒以後，立刻撲向其中一名房客。

被狗撲倒的老太太哭叫著：「好啦！好啦！我招了，我私釀了五桶烈酒，連同蒸餾器一起藏在地下室。我認罪了！我認罪了！」

所有的房客都面面相覷，誰也想不到，老太太平常和和氣氣，竟然會幹出非法的事來。

警察怒斥：「那皮大衣呢？巴布金先生的皮大衣是不是妳拿的？」

老太太啜泣地說：「什麼皮大衣啊？我根本不知道也沒看過，我就藏了五桶酒而已。警察大人，您饒了我吧，快把這隻狗帶開！」

老太太很快就被銬住，準備被帶回警局訊問。想不到，接下來，棕色大狗又朝空中嗅了嗅，飛撲到管理員身上。

管理員的神情看起來非常驚恐，連忙求饒：「警察先生，你把我帶走吧，這些年來，我每個月都超收每位房客的水費。」

聽到管理員的自白，現場所有的房客都立刻鼓譟起來，紛紛要管理員把超收的費用如數吐出來。只見被大狗壓在地上的管理員可憐兮兮地說自己早已經把那些錢都花光了。

管理員也被銬住，巴布金似乎有些不安起來，打哈哈地對警察說：「算了，我不想找那件皮大衣了，你快把那隻狗帶走吧。」

警察冷笑地望著他，果不其然，那隻棕狗已經將目標轉向了他。在大狗還沒撲過來之前，巴布金就嚇得跪地哭喊：「是我的錯！是我的錯！那件大衣是我弟弟的，因爲我自己想要把大衣據爲己有，才會假裝遭了小偷……」

一切眞相大白，根本沒有大衣失竊事件，全都是巴布金自導自演。

即使巴布金已被警察銬住，事情卻還沒結束。在棕色大狗的威嚴下，所有犯過錯的人都無所遁形，全都準備上警局。

最後，只剩下警察和警犬。

只見那條狗倏地撲到警察身上，嚇得警察連忙大喊：「是的，我的好兄弟，是我對不起你，你咬我吧，因爲每個月三塊金幣的狗食費，有兩塊金幣都到我的口袋裡去了。」

那條狗也許只是一時玩興大起，不料所有的人竟立刻開始自陳罪狀。或許應該這麼說，並不是那條警犬具有驚人的偵探力，而是每個人做賊心虛，面對不了自己的良心。

《聖經》裡曾有過一則故事，一名婦女因爲姦淫罪名被抓住，但是耶穌說，誰自認自己從未犯過錯事，誰才有權力拿石頭打她。一時之間，竟沒有人敢把手上的石頭扔出。

德國哲學家歌德這麼說：「錯誤與真理的關係，就像睡夢與清醒的關係一樣。一個人從錯誤中醒來，就會以新的力量走向真理。」

犯錯不是無可挽救的，只要懂得認錯，就有重新改正的機會。

最怕的是，每個人光看別人犯了什麼錯，嘲笑別人的無恥與笨拙，卻不知自己的嘴臉也同樣骯髒。

有一句廣告詞說得極好，「刮鬍子的時候要看著鏡子，刮別人的鬍子之前，先把自己的鬍子刮乾淨。」要檢討別人之前先檢討自己，這樣或許會顯得理直氣壯一點，不是嗎？

Part 2

充滿信念，就能渡過難關

每個人都難免遭遇困頓的環境，
也許我們無法改變環境，但至少改變自己的心情。
只要心中仍有信念，人生總有可祈求的希望存在。

拿出決心和毅力，就會有好成績

一個有決心、有毅力的人，不會畏懼眼前的困局和種種不如意，他的眼睛裡只看得見目標和通往目標的道路，他會像火車頭一樣拚盡前力地向前奔馳。

作家西里曾經寫道：「同樣一件事情，用不同的心情去面對，最後所得出來的結果，通常會大相逕庭。」

確實，心情是決定事情成功與否的重要關鍵，心境一旦改變，事情就會朝不一樣的面向發展。

眼前的困境並不可怕，可怕的是猶豫徬徨的心境。當一個人爲自己設定一個目標，指出一個人生衝刺的方向，一鼓作氣，鍥而不捨地向往前，前方的障礙物多半會選擇自動讓路。

想要達到成功，就要讓旁人瞧清你的決心和毅力，證明自己是不可動搖的，唯有如此，別人才會反過來協助你。

查爾斯是世界知名的大力士，他曾經在螢光幕前表演徒手拉動一輛重達七十二噸的鋼車，令在場所有的觀眾嘖嘖稱奇。

體魄健美的查爾斯，被譽為「全球肌肉最健美的人」，還有媒體讚譽他具有「海克力士和阿波羅融合而成的真正古典體魄」。在法國的瑪恩河畔，甚至有以他為模特兒雕塑而成的古典塑像裝飾，可想而知他健美的身材，受到各界如何的重視。

查爾斯本名安吉羅．西吉連諾，出身於紐約市布魯克林區的貧民窟，父母是來自義大利的移民。十六歲以前，他並沒有大力士的影子。相反的，根據形容，他是個「體重九十七磅（約莫四十四公斤），臉色蒼白、膽小如鼠的小個子，常常受人欺負」。

但是，一趟博物館之旅，卻改變了他的命運。

在一個星期六，安古羅和一群孩子在課程的要求下，一起去參觀布魯克林博物館。一行人隨著領隊來到神話人物塑像的展覽區，安古羅被這些精緻的雕塑像迷住了，其中阿波羅和海克力士的塑像，更是讓他看得目不轉睛。

根據領隊的解說，大家才知道，原來這些神像都是以希臘的運動健將爲模特兒雕塑而成的。

結束參觀行程之後，安古羅迫不及待地將報上連載的一套體操圖解動作剪下來，貼在牆上。他決心以此來鍛鍊自己的體魄，期望有一天能和那些希臘的運動健兒一樣健美。

安古羅的決心果然面臨了種種嘲笑和羞辱，許多人笑他不自量力，有一次，他和一個街頭混混起爭執，結果慘敗，嘲笑的聲浪更是不絕於耳。

但是，安古羅並不就此放棄，他一次又一次苦練體操，後來還發展出一套獨特的健身術，局部鍛鍊身體的每一塊肌肉。總算皇天不負苦心人，安古羅身上的肌肉開始結實、有力，線條也變得更美。

他正式改名為查爾斯，一連參加好幾項健美比賽都屢獲佳績。

安古羅改變了自己的命運，從此，再沒有人敢嘲笑他是「弱雞」和「膽小鬼」，他以毅力和氣魄向世界證明了自己的價值。

英國詩人彌爾頓曾說：「心靈有它自己的地盤，在那裡可以把地獄變成天堂，也可以把天堂變成地獄。」

如果你用悲觀消極的心情面對問題，再如何簡單容易的事情，也會變得困難。如果懂得用積極樂觀的心情去面對問題，那麼，再如何複雜困難的事情也會心想事成。這個世界沒你想的那麼黑暗，很多事情也沒你想的那麼困難，只要你願意改變。

想要改變，就必須下定決心！法國作家大仲馬說得極好，他說：「當你拚命要完成一件事的時候，你就不再是旁人的敵手，或說得更正確些，旁人不再是你的敵手了。不論是誰，只要下了這種決心，將立刻覺得他的精力加強了十倍，眼界也擴大了。」

一個有決心、有毅力的人，不會畏懼眼前的困局和種種不如意，他的眼睛裡只看得見目標和通往目標的道路，他會像火車頭一樣拚盡前力地向前奔馳，任何阻礙在面前軌道上的障礙，都只能選擇退避。

只要有決心、有毅力，目標又明確，人生將無事不能成。

做好自己應該做的事

偉大，並不是做了多麼了不起的事，而是做好自己該做的事。當任務的完成必須以自己的性命做為交換，能夠盡忠職守的人，就顯得偉大了。

一名英雄完成一項偉大的任務，雖然肯定能夠得到許多人的佩服，但也有許多人會認爲他們的成功是理所當然的。

相較之下，平凡的人物當中，有時也會出現令人嘆服的行動，當這種時刻發生，往往更容易使人感動。

偉大的行動，看起來或許相當困難，但是，就算是平凡人，在必要的時刻，只要做好自己應該做的事，同樣也能讓人動容。

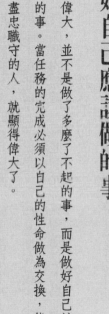

在二次大戰時，德軍曾經一連好長的一段時間，對英國進行轟炸。當時英國的主力軍隊正參與聯軍行動，在歐陸與德軍對抗，而守衛英國本土的任務，大部分都交付在民兵身上。

約克·伊凡斯是其中一位民兵。由於不佳的視力與孱弱的身體，無法參軍，只好加入民兵訓練，當然，以他的實力，很難在軍隊中獲得什麼樣厥偉的功績，不過他一直盡職於自己的崗位。不管是急救昏迷人士，或是在轟炸過程引導民衆進入防空洞躲避……等等，他都盡力完成。

伊凡斯和許許多多的民兵民衆一般，都是平凡人，都是戰爭中微不足道的人物，原本根本不可能留名。但是，在伊凡斯死後，不只獲得了一枚獎章，更有許多人前來參加他的葬禮，爲他的死亡感到嘆息，爲他的勇敢表示敬意。

這中間，有一段感人的故事。

那一夜，輪到伊凡斯值夜，他看到遠處有閃光，立刻打電話通報民防指揮中心。但是，指揮中心的指揮官並沒有放在心上，反而覺得他神經緊張、大驚小怪，於是伊凡斯只好重新回到自己的崗位上。

不料，他才一踏出電話亭，就有一顆炸彈落了下來。他連忙閃避，結果並沒有爆炸聲傳來。伊凡斯剛開始鬆了好大一口氣，以為那是一顆未爆彈，但是，仔細勘察之後，發現那顆炸彈並不是不會爆炸的啞彈，而是一枚巨大的定時炸彈。他沒有多想，立刻回到電話亭裡向指揮中心的長官報告，而後依照長官的指示，要求附近的居民盡快撤離。

伊凡斯廣播通報民眾避難之後，沒有離開炸彈現場，而是忙著疏散附近的行人，在炸彈威脅的區域圍上繩子，禁止閒雜人等靠近。

除此之外，他還在四周不斷大喊：「有炸彈，快離開！不要逗留！」以沙啞的嗓音勸離好奇觀望的民眾。一直到炸彈爆炸的那一刻，伊凡斯都沒有離開，他以自己的性命保護了周遭所有的人的性命。

作家羅曼．羅蘭曾經爲人生下過如此的註解：「人的生涯幾乎都是一種長期的受難。或是悲慘的命運，把他們的靈魂在肉體與精神的苦難中折磨，在貧窮與疾病的鐵砧上鍛熬；或是目擊同胞承受無名的羞辱與劫難，而生活為之戕害，內心為之碎裂，永遠過著磨難的日子。他們固然由於毅力而成為偉大，也由於災患而成為偉大。」

從這個觀點來看，伊凡斯和被他的義行所拯救的許多人都同樣偉大。伊凡斯在昇平之世裡，可能只是無數平凡人中的一位，連偉大的邊都沾不上；但是在紛爭戰亂的時代，即使是平凡人，也能夠做出極不平凡的事來。偉大，並不是做了多麼了不起的事，而是做好自己該做的事。盡忠職守，聽起來簡單得很，每個人只要完成自己的任務就成了，沒有什麼了不起。但是，當任務的完成必須以自己的性命做爲交換，能夠盡忠職守的人，就顯得偉大了。

伊凡斯把他認爲該做的事完成了，是這種精神，成就了自身的偉大。

充滿信念，就能渡過難關

每個人都難免遭遇困頓的環境，也許我們無法改變環境，但至少改變自己的心情。只要心中仍有信念，人生總有可祈求的希望存在。

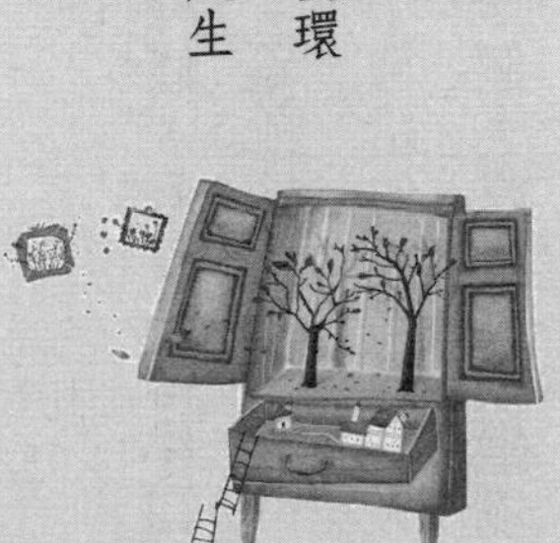

文學家托馬斯．曼曾經這麼說：「人生中最美好的東西應該是希望，而不是現實。儘管希望是那麼虛幻，至少它能領導我們從一條愉快的道路上走完人生的旅途。」

信念能夠帶來力量，從古至今已有無數實例佐證。當人的心得到了溫暖的慰藉，人的身體與精神，將能因此生出力量。

在二次大戰時，有一個位在蘇門答臘東海岸的日軍集中營，裡頭塞滿了被擄來的戰俘。集中營裡的戰俘，有些被關了幾個月，有些則幾乎算不清已經被關了多久。糟糕的環境以及差勁的飲食，使得疾病與虛弱徹底地襲擊了他們的身體，對於生命的絕望，更嚴重折磨著他們的精神。

隨著戰事延長，日軍停止提供戰俘飲食，日復一日地挨餓，使得每一個戰俘都面臨了生存危機。他們變得什麼都吃，如果有人幸運抓到蛇或老鼠，就算是豐盛得不得了的大餐了，大部分的時候他們都得忍受饑餓，哪怕是草根木屑，也得逼自己吞下去。

有個戰俘身上藏了一根蠟燭，每當餓得受不了的時候，就咬下一小口。吃蠟燭在平時聽起來匪夷所思，但是在這種時候，有蠟燭可吃就該偷笑了。

他答應同樣是戰俘的朋友安德魯，保證會留下一小截給他。儘管兩人友情深厚，但安德魯還是免不了會擔心，到最後他說不定會一個人吃下整根蠟燭，一丁點也不分給別人。然而，就算他眞的這麼做，安德魯也不能說什麼，畢竟人不爲己，天誅地滅嘛。

情況越來越困難，可以吃的東西越來越少。那一日，那名戰俘在牆上畫下一道痕跡，然後感歎地說：「今天是耶誕節，希望明年耶誕節我們能夠回到家過節。」他的話引起了不少人的嗤笑，也引起許多人的嘆息。沒有人知道希望在哪裡，沒有人知道明天會如何，他們甚至不曉得自己能不能撐過今天。

他取出了一直藏在懷裡的蠟燭，仔細地端詳著。安德魯一直看著他的動作，心想，他大概打算把那截蠟燭吃了吧，只希望他還能記得之前的諾言，能把答應給的那一小截給自己。

但是，那名戰俘並沒有將蠟燭送進嘴裡，反而站起身來，走近守衛，請求守衛爲他將蠟燭點燃。

他將點燃的蠟燭放在牢房中央的地板上，然後輕輕地哼起耶誕歌。

安德魯哽咽到說不出話來，回想起上一次看到耶誕燭光的時刻，距離現在是如此地遙遠，心忍不住劇烈地跳動起來。安德魯來到朋友的身旁，以沙啞的聲音輕輕地跟著哼唱。漸漸地，其他的人也圍靠了過來，儘管行動因爲身體虛弱而變得緩慢，但是每個人的神情彷彿都像是重新活了過來一樣。

那一點小小的火光，慰藉了他們疲憊的身軀、苦痛的精神，爲他們重新帶來了新的希望，得以在心底告訴自己，堅持下去，一定還能重見光明。

丹麥的諾貝爾文學獎得主西格里德．溫賽特說過一句話：「信仰堅定的人一刻也不會迷失方向，他的靈魂將衝破煉獄的烈焰，直奔天堂極樂。」

地獄是如此可怕，沒有人喜歡自己身處在地獄裡，然而，已然處於地獄之中的人，該怎麼辦呢？

當人類開始分隔派系、相互爭鬥的時候，地獄就一點一滴地被建造出來了。身在相互攻訐、不是你死就是我亡的境地中，高貴的情操與心中的善念都慢慢淡薄。甚至，忘記我們還是人，只想分出高下，只想將對方趕盡殺絕。

但是，只要有一枚良善的火種被適時地點燃，就能夠喚醒我們殺紅眼之前的殘餘理智。

故事中，安德魯的朋友如果將蠟燭一口吞下，抑或是違背諾言，完全不分給安德魯，恐怕也不會引來什麼樣的批判，畢竟為求生存不擇手段，也是人性的本能之一。可是，他沒有這麼做，而是決心燃燒了那根蠟燭。

功利主義的人或許會認為他很蠢，因為點燃蠟燭除了得到一陣火光，什麼也沒有，蠟炬成灰之後還是得餓肚子。然而，燭光卻讓人得到了溫暖以及對未來的希望。不論明天環境還會變得多險峻，撐得下去的人就不會放棄。

每個人都難免遭遇困頓的環境，也許我們無法改變環境，但至少改變自己的心情。當你的生活陷落，儘管身心飽受折磨，只要心中仍有信念，仍存信心，人生總有可祈求的希望存在。

喜歡自己，展現自己的魅力

一個人確實知道自己是個什麼樣的人，可以做什麼樣的事，才能發揮一個人存在的價值。

生命中總會有陰影出現；面對陰影，哀怨悲嘆是無用的，像鴕鳥一樣躲進陰影裡，只會讓生命充滿陰霾，你必須做的是，積極地想辦法重見光明，人生才有璀璨的前景。

環境本身惡不惡劣並不能決定我們快樂或不快樂，重點是我們如何看待自己，又用什麼心境面對自己所處的環境。

適時改變自己的心情，放下內心那些偏頗、自怨自艾的想法，人生才有開闊的出路。只要不再自卑，不再怨懟，你就能走出陰霾，不讓自己繼續沉陷痛苦和挫折之中。

第二次世界大戰結束之後，美國大兵強斯頓光榮返鄉。

他在戰爭中受了腿傷，行走不便的腿上，佈滿了各式疤痕。國家頒授的徽章雖然帶給他榮耀，但對他而言，最幸運的事還是能夠離開戰場，而且他的腿傷並不致於影響他最喜愛的運動——游泳。

腿傷恢復到一定程度後，他便不需要再經常進出醫院了，醫生也建議他經常去游泳，因爲游泳是一項很好的復健運動，對於他的腿傷有相當大的幫助。

於是，在一個風和日麗的星期天，強斯頓和太太一起到海灘度假。

下水游過幾趟後，強斯頓回到沙灘上享受日光浴。但不久之後，他開始感到有點不自在。

沙灘上許多人來來往往，強斯頓發現大家都在看他，注視著他滿是傷痕的腿。

過去，他很少爲自己的腿傷感到不自在，他並不特別覺得自己微跛的腿有什麼奇怪。但是，在沙灘上，光裸的腿失去衣服的遮掩，那些坑坑疤疤的傷痕，看起來似乎特別刺目。

到了下個周末，當太太再次提議到海邊游泳時，強斯頓拒絕了，他有點自卑地說：「與其到海灘上去，我寧願留在家裡。」

他的太太聽了，回答：「我知道你爲什麼不想去，但是，我想，你其實誤會了你腿上那些疤痕的意義。」

強斯頓只能顧左右而言他，但是他的太太卻堅持繼續說下去。她說：「強斯頓，你腿上的疤痕是勇敢的象徵，是勇氣的徽章。爲什麼要想盡辦法把它們隱藏起來呢？你應該要永遠記得自己是如何英勇地得到它們，而且要驕傲地帶著它們，不論去到何處。」

強斯頓聽了，心中充滿感動，看見太太支持的目光與笑容，內心有了一番省思，決心以不同的想法去看待自己的腿傷與疤痕。

想了許久，他對太太說：「走吧，我們一起去游泳。」強斯頓相信，在他和太太的彼此支持之下，他們未來的生活將會有更好的開始。

人類是很奇怪的動物，我們不希望失去個體的獨特性，卻也不希望自己變成異類；我們希望自己是特別的，但又不想要變得太過特別。

鶴立雞群雖然更顯出那隻鶴的卓爾不群、出類拔萃，但同時也顯現出那隻鶴與群雞之間的格格不入。

強斯頓是特別的，畢竟一般人多半不會滿腿傷疤，然而，一般人也不見得能如他在戰場上立下光榮的功績。這才是強斯頓眞正的特別之處。

強斯頓的妻子想要提醒他的，正是這麼一回事。身爲一個擁有光榮功勳又有滿腿傷疤的特別人物，首先必須要了解自己的特別之處，同時也看重自己異於常人之處，必在乎世俗庸人的眼光？換個心情，了解並且接受它們，畢竟每一項特別都屬於自己。

每個人都應當爲自己的特殊感到驕傲，不必爲外在形貌過於介懷。

諾貝爾文學獎得主羅傑・馬丁・杜・伽爾這麼說道：「不要自負，也不要謙虛。認識到自己強而有力，才能真正強而有力。」

人生旅程最重要的一件事就是喜歡自己，展現自己獨特的魅力。

一個人唯有確實知道自己是個什麼樣的人，可以做什麼樣的事，才能發揮自己存在的價值。

太相信表面，就容易被矇騙

重要的事物，是眼睛看不到的。不論人事物，都不能只看表面現象，兒要進一步用心推究本質。

有一句話說：「眼見爲憑。」好像不管什麼事，非得透過兩隻眼睛親眼見證才能作數。然而，很多時候，我們要是只相信眼睛所代表的眞實，不用推究，說不定將可能失之毫釐、差之千里。

更多時候，人會被先入爲主的印象蒙蔽，導致識人不清、識物不明，一不小心就可能鬧出笑話。

就像魔術就是利用視覺的障眼法，表演許多看似神奇的把戲。要是我們一味以為眼睛所看見的就是真的，實際上我們正在被自己的眼睛欺騙。

有一位大將軍，在某次戰役中獲得了空前勝利，成功登陸原本為敵軍所占據的小島。將軍來到島上視察，發現小島中央塑立了一座高達好幾公尺的銅像，銅像的底座周圍則由一圈整潔的鐵欄杆圍著，在烈日之下，映照得金光閃耀，讓將軍看得目眩神迷。

將軍當下決定，要把這座銅像帶回國去，當做此次戰役的紀念品。於是，他命令屬下找來吊車，想辦法在不損壞外表的情況下，將銅像運到船上。

由於將軍一再叮囑務必小心，千萬不要粗魯地讓銅像受到損傷，士兵們自然如臨大敵一般謹慎地執行任務。儘管有不少士兵覺得帶一座這樣大而不當的銅像回去，實在不是一個好主意，但沒人敢開口表達自己的意見。

操作吊車的士兵首先察覺不對勁，因為，原本預期要耗費一些時間才能舉起的銅像，居然輕輕鬆鬆就被吊了起來，感覺上還有點搖搖晃晃的。

銅像置放在棧板之後，所有的士兵全都圍了過來，許多人都「咦」了一聲，露出納悶的神色。原來，讓將軍見獵心喜、視若珍寶的銅像，並不是眞正用銅製作的，而是木頭做的，只是外表塗上一層銅色罷了。仔細一看，塑像的根部甚至已有了些腐爛的情況。

一時之間，士兵們面面相覷，誰也不知道該如何向將軍報告這個事實。但是在場的每一個人想到戰功顯赫、威名鼎鼎的將軍，竟然會被塑像的外在表相蒙蔽，全都忍不住地笑出來。

人是視覺性動物，相信眼睛遠超過相信其他感官。有時候，明明自己心底覺得怪怪的，但是只要眼睛瞧不出問題，就以爲一切都是胡亂猜想，進而忽略其他的各種感覺。

斯文的外表就一定是個翩翩君子嗎？臉色紅潤就一定是個活潑少女嗎？睫毛長翹就一定脾氣不好嗎？刻板印象，正是幫助眼睛欺騙我們的最大元兇。

就好像故事裡的將軍，一見到金光閃閃的塑像，就覺得一定是值錢的寶物，想要佔爲己有，不細加探索的結果是鬧了大笑話，不只失了面子、眼光，還突顯了自己的貪婪本性。

法國作家聖．艾修伯里在《小王子》裡這麼說過：「如果沒有用心看，就會看不清楚。重要的事物，是眼睛看不到的。」

不論人事物，都不能只看表面現象，而要進一步用心推究本質。一旦失去了清明澄清的本心，我們將看不到表面底下的眞正本質。

口耳相傳，就是隨人瞎掰

明明是子虛烏有的事，卻被說得像是煞有其事；明明是芝麻小事，卻被渲染成天下大事。這就是傳聞的可怕。

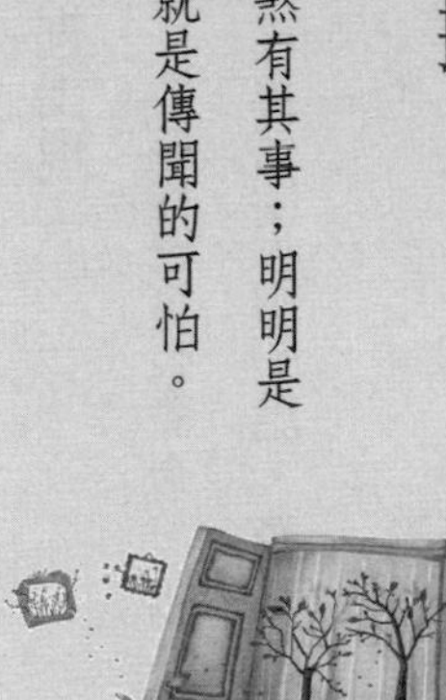

曾經有一個綜藝節目很愛玩的遊戲，先讓藝人們分別戴上耳機，然後要求每個藝人含著水說話，看看一句話能否正確地傳達到最後一個人。

透過這個遊戲，我們不難發現，在傳話的過程當中，如果訊息不夠完整，將會被不同的人曲解成各種不同的結論。因此，口耳相傳到最後，往往會誇大、誇張到令人難以想像的地步。

據說有這麼一個笑話，在一個軍營裡，營長對值班的軍官說：「明天晚上八點鐘左右，這附近可以看到哈雷慧星，這種慧星每隔七十六年才能看見一次，相當難得。所以，傳令下去，明天晚上所有士兵穿上野戰服到操場上集合，我將爲大家解釋這個罕見的天文現象。如果下雨的話，就改在禮堂集合，我會播放一部慧星的影片。」

於是，值班軍官立刻執行命令，向連長報告：「根據營長命令，明晚八點，七十六年出現一次的哈雷慧星將在操場上空出現。如果下雨的話，就讓士兵穿著野戰服前往禮堂，這個罕見的現象將在那裡出現。」

連長聽了表示理解，而後對排長下令：「根據營長命令，明晚八點，非凡的哈雷慧星將身穿野戰服出現在禮堂。如果操場上下雨的話，營長將下達令一個命令，這種命令每隔七十六年才會出現一次。」

接著，排長對班長說：「明晚八點，營長將帶著哈雷彗星在禮堂中出現，這是每隔七十六年才會有的事。如果下雨的話，營長將命令哈雷彗星穿上野戰服到操場上去。」

班長對士兵說：「明晚八點下雨的時候，著名的七十六歲的哈雷將軍將在營長陪同下，身穿野戰服，開著那輛『彗星』牌汽車經過操場前往禮堂。」

再繼續說下去，哈雷慧星不知道還會和營長發生什麼誇張的事行。

有時候，我們自以為理解別人在說些什麼，但是事實上卻是一知半解。當我們在重新傳達的時候，又會由著自己的想法加油添醋，結果，「吐出鵝毛般的血絲」傳到後來，便會變成「吐出一隻鵝」來。

在說八卦和聽八卦的同時，我們能深切體認到人類的無窮創造力和想像力。明明是子虛烏有的事，卻說得像是煞有其事；明明是芝麻小事，卻被渲染成天下大事。這就是傳聞和流言的可怕。

正所謂「謠言止於智者」，若是不想要變成傳聞接龍中的一份子，最好的方法就是在聽到傳聞的時候，不立刻全盤相信，抱持著懷疑的科學態度，仔細檢驗傳聞的眞實性。此外，那些連自己都覺得太過誇張的言論，就別輕易地幫忙散播出去。

奧地利作家茨威格曾說：「頭腦和心靈最忌空虛，一空虛就會盲目，就會人云亦云，做出種種讓人訝異不已的荒唐事情。」

我們要當個有智慧的人，而不是當一個人云亦云的人。

沒有好口才，機會不會來

想過如何突破人生的困境嗎？或許你應該從加強自己的說話能力做起。口才好不好，真的非常重要。

雖然孔老夫子曾經厲言批判把話說得天花亂墜的人說：「巧言令色，鮮矣仁。」但是，相信很多際遇不順的人還是能夠體會到，一個人有沒有口才，會影響到自身的未來。

會不會說話，腦筋、舌頭動得夠不夠快，有時候確實真的會左右一個人的際遇，不可輕忽。

能否把話說得漂亮，攸關一個人能獲得多少機會。

美國獨立戰爭期間，軍隊裡的軍規森嚴，甚至不准士兵玩紙牌，以免軍心渙散。然而，規定歸規定，還是有不少士兵私底下偷偷玩牌。

有一天，有一名士兵正在玩牌的時候，被一名中士發現了。由於兩個人平常就有小嫌隙，中士立刻將士兵抓了起來，揪著他到上校面前請求處分。

上校聽完中士的報告後，轉頭問士兵有什麼想要抗辯的。

士兵立刻說他出身於一個基督教的家庭，全家篤信上帝，每天晚上都要對著聖經禱告。但是，當了兵以後，因爲薪水太少，買不起全本《聖經》，只好借錢買一盒紙牌來代替。

中士聽了立刻噴笑出來，大聲喝斥：「說謊不打草稿，把紙牌當成《聖經》？這說出去誰會相信！」

士兵連忙辯解：「是眞的，我沒說謊！我可以把其中的道理說給你聽。」

眼看兩個人又要吵起來，上校開口要士兵繼續說下去。

於是，士兵拿出紙牌，一張一張開始說明，他說：「比方我拿到一張A，也就是一點，就會讓我想起萬能的上帝。如果我拿到二，就會想到上帝和上帝之子耶穌。三點呢，就代表三位一體的聖父、聖子、聖靈。四點是馬太等四位佈道者，五點則是那五位聰明的少女和五個愚蠢的姑娘。六點意味著上帝創造世界時，只用了六天，七點則是第七天當爲禮拜日。八點代表的是逃離大水的諾亞一家八口，九點讓我想起救世主曾爲九位痲瘋病人治病的故事，十點無疑就是摩西的十誡。紙牌裡的皇后是來自地角天涯的西芭，特地前來聽取所羅門的智言。老K國王，當然就是天國大帝的象徵了。」

看到這名士兵如此會扯，上校忍不住打趣地問道：「那麼，你又該怎麼解釋鬼牌黑傑克？」

士兵老神在在地說：「噢，傑克以前代表猶太。不過，我現在一看見他，就想起抓我的中士。」說到這裡，眼神故意飄向中士，把中士氣得牙癢癢的。

見上校的表情顯得興味十足，士兵繼續發揮胡扯的本事：「這些紙牌的秘密還不只如此，我數過，一副牌裡的所有點數全加起來，剛剛好是三百六十五，有圖畫的牌有十二張，剛好一張牌代表一個月份。如果把一副牌按照點數聚集在一起，可以分成十三疊，這恰恰好提醒了我，千萬不能忘記，一定要在上校英明的領導下，保護合眾國的十三個州。」

士兵的最後一句話，馬屁拍得不慍不火，上校當即決定放過他。

一般來說，人與人之間的交流、應對，多半從說話開始。話說得好，通常就能順利通過第一關。

以職場面試來說，雖然主考官已經在履歷等書面資料上初步知道面試者的基本資料，但一般而言，是不會有人光看履歷就決定錄取一個人的。怎麼說也要先見個面、談談話，才能真正做決定。

這時候，儀表與談吐就決定了一切。

一個能言善道的人，通常意謂著反應較快，性格也較活潑，如果該項職務不是需要特別安靜或自閉的人才，這樣的人獲取錄用的機率當然比較高。

一個外表合宜，說話又有模有樣的人，通常印象分數也會大幅提高。就好像故事中的士兵，以職等來說，他沒有任何勝算，但是他知道自己其實不用和中士打交道，只要搞定最上階的人士就成了。

一段又一段《聖經》故事，巧妙地套在撲克牌上，任誰聽來都知道是扯淡，卻也挑不出破綻可以反駁，這就是士兵聰明且高明的地方。

蕭伯納曾說：「有信心的人，可以化渺小為偉大，化平庸為神奇。」

這名士兵就憑著自信、口才和敏捷的反應，成功地爲自己化解了一次危機。想過如何突破人生的困境嗎？或許你應該從加強自己的說話能力做起。口才好不好，眞的非常重要。

從害怕中培養適度的勇氣

「無知」有時候反而是一種幸福，因為不知道，所以不覺得恐怖，不覺得害怕，也不覺得討厭。

有一句話說「初生之犢不畏虎」，剛出生的小牛，什麼都不知道，也就什麼都不怕，就連大剋星老虎在眼前也不懂得閃避。

簡單地說，害怕是一種學習來的能力，由於知道了未知可能會爲我們帶來危險，所以產生恐懼感，進而排斥危險的行動。

有個孩子在餐桌上一邊吃飯一邊對父母說起今天下午的經歷，他說：「我找到了一個鳥窩！」

雖然孩子說得興高采烈，但是父母並沒有特別地回應他，附近有一片小樹林，有鳥築巢不是什麼了不起的事。

母親對孩子鼓勵地笑了笑，表示聽到了，父親則頭也不抬地繼續吃飯。於是，孩子自顧自地繼續說著下午的發現。

他說在放學回家的路上，突然看見一隻金雀鳥從松樹梢上飛出來，他跟著跑了一會兒，終於在某棵樹上發現了一團黑黑的東西。他很高興地往上爬，爬到一個高度，沒有辦法踩踏，只好抱著樹，一點一點往上移動。再繼續往上，只能靠手抓握樹枝，因為樹幹的枝椏變得細長，也有點輕軟。

好不容易爬到鳥窩所在的樹枝上，窩裡有一顆蛋，他高興地拿了起來。

或許是因為他手掌的熱度，或許是他呼出的熱氣，剛剛好，蛋裡的小鳥破殼而出，他開心地輕輕吻了小鳥一下，然後把小鳥放回巢裡。然後他從樹上爬了下來，迫不及待地想要回家告訴爸爸媽媽這件事。

孩子的父母聽完他的描述，驚訝得說不出話來。他們不敢想像，在孩子爬樹的過程中，一旦有任何差池，他們將可能再也看不到自己的孩子坐在餐桌旁，興奮地訴說各種新發現。

餐桌上的氣氛變得凝重且嚴肅，但孩子興奮的情緒還沒能平復。明天他可能會開始被限制行動，被迫學習面對所有危險時應有的正確反應，但是現在他的腦海中只看得見那初生的小鳥在自己手心裡的模樣，以及當時心中滿溢的感動。

「無知」，有時候反而是一種幸福，因爲不知道，所以不覺得恐怖，不覺得害怕，也不覺得討厭。

事實上，大部分人的負面情緒，都是透過社會化學習而來的。

因爲看到別人皺著眉頭吃葡萄，就覺得那串葡萄必定難吃至極，因此連碰都不會想碰，更不用說放進嘴裡了。因爲覺得用手吃飯很髒，便覺得使用衛生筷吃東西安全得多，殊不知看起來衛生的衛生筷，可能藏有各式各樣的細菌，還不如洗乾淨的雙手。

沒有親身嘗試或體驗，我們其實不知道眞正的感受爲何，所有的感覺都是觀察別人的反應來判斷的。

好笑的是，有時候明明自己有感覺，卻因爲和別人的反應不盡相同，甚至選擇不相信最直接的感官經驗。

到著名的拉麵店裡，明明食不知味，卻還是大聲地說好吃極了；坐在電影院裡觀賞名片，明明覺得有看沒有懂，出來卻說眞是一部感人的好片。

社會化至終極境界，就是人因爲知道太多而變得虛僞。

孩子的天眞或許會使他們逼近危險，但是，內心的純眞卻也讓他們眞實地貼近生活，依靠著自己的感官去經驗這個世界，體會各種不同的滋味，進行自我的學習課程。

無須太過於著急與擔心，因爲孩子們該怕的，總會學習得到，而該從害怕之中體悟並形成因應的勇氣，早晚也會被訓練出來。

人與人相處，以誠意爲基礎

人與人之間的相處之道，其實真的很簡單，你以誠意待人，別人就以誠意待你，如此而已。

最擅長做生意的生意人，不是只曉得從顧客的口袋裡挖錢的人，而是懂得和顧客交朋友的人。

前者爲了賺錢，可能什麼事都做得出來，不管是哄抬價錢或是降低品質，唯一的目的就是提高自己的利潤。但是，如此做法，一旦顧客覺得自己被欺騙、被欺負、被壓榨，就絕對不可能再上門光顧。

沒有人想當一再受騙的二百五，也沒有人喜歡被當成笨蛋看待。

一個懂得和顧客交朋友的人，才是眞正能夠永續經營的人。一旦深獲顧客的信賴，回流率與推介率也會相對增加。不爭眼前的蠅頭小利，建立與顧客之間的良好情感連結，自然有綿延不絕的巨大商機。

在美國喬治頓市有一家服裝店，店裡有位女店員名叫布拉姆頓，就深明「爲顧客設想」的道理。

比方說，有一天服裝店裡來了一位年輕女子，一進門就說：「我想買一件最炫、最搶眼的禮服，一定要讓甘迺迪中心廣場前的每個人，看到我連眼珠子都要掉出來！」

布拉姆頓聽了，以專業誠懇的態度對那名女子說：「沒問題，我們店裡有全市最炫、最擅長的禮服。不過，那些衣服是爲沒有自信心的人而準備的。」

那名女子立刻皺眉，說：「妳這話什麼意思？」

布拉姆頓不慌不忙地回答：「您不知道嗎？一般來說，人會想要穿這樣的服裝，多半是用來掩飾他們的自信心不足。」

女子聽了布拉姆頓的解釋並沒有展露笑顏，反而怒吼：「哼！我可不是缺乏自信心的人！」

布拉姆頓說：「請您別急著生氣，不管您要什麼樣的衣服，我都能幫您找到，但是您何不想想，您爲什麼唯有穿這樣的衣服到甘迺迪中心廣場去，才能讓衆人的眼珠子掉出來？難道您不能不靠衣服而靠自身的美好特質去吸引人嗎？依我看，您的氣質和風度都顯示出您擁有美好的內涵，爲何要用華而不實的衣服遮掩起來呢？難道您眞的不在乎當旁人停下腳步來看您時，看到的只是您的衣服而不是您本身嗎？」

那名女子咬著唇摸著衣料，思索了好一陣子，終於開口說：「是啊，妳說的對，我幹嘛要花大筆錢，只爲了買別人一句『妳的衣服好漂亮』的評語？謝謝妳給我的建議，那我今天就不買了。」

旁人或許覺得布拉姆頓是個呆頭鵝，沒事把生意往門外推，平白錯失一個賺錢的好機會，但是，布拉姆頓並不這麼認爲，她反而覺得能夠把最恰當的衣服賣給最適合穿的人，才是做生意最重要的原則。

事實證明，布拉姆頓是對的，因爲服裝店並沒有因爲她的「不願賺錢」而關門，反而生意越來越好。有許多被她推出門的客戶，最後都又回來找她，因爲他們知道布拉姆頓將會給予最恰當的服裝建議，不會硬推銷他們買一大堆根本派不上用場、穿不出效果的衣服，此外，他們也都願意介紹親朋好友來光顧布拉姆頓的店。

英國教育學者洛克認爲：「了解的目的有二：一是增加我們本身的知識；二是使我們能將那知識傳給別人。」

布拉姆頓的知識，不是用來佔人便宜的，而是要拿來與人誠意交往的。這種做法讓她不違背自己的良心，同時也塑造出更專業的形象，使她更值得人信任。人與人之間的相處之道，其實眞的很簡單，你以誠意待人，別人就以誠意待你，如此而已。

Part 3

先處理心情，再處理事情

一個健全的社會人，該是一個能夠處理自我情緒的人。
我們想要培育更多健全的社會人，
便應該從當個健全的父母開始做起。

行到絕處，你仍然可以選擇出路

不要把眼前的絕境歸諸上天或旁人，因為一切都是自己的選擇，假使我們賴坐在絕境處痛哭不走，即使神明來拉也是拉不動的。

有人說，人生本來就不公平，有人出生含著金湯匙，有人裹舊衣破布；有人一輩子吃香喝辣，有人連求一餐溫飽都很困難。

是的，人生似乎眞的很不公平。

但是，至少有一件公平的事，就是每個人可以決定自己的一生要過什麼樣的日子，走什麼樣的路，無論眼前的際遇如何。

不少人出身貧苦，日後卻光榮顯赫，但也有不少人原本享榮華富貴，最後卻淪落至萬劫不復的境地。

其實，說穿了，我們的人生是我們自己的選擇結果。

法蘭西斯的母親三十一歲的時候，因爲長了脊椎瘤導致全身癱瘓，只能整天躺在床上。雖然能夠靠著輪椅行動，但是不論到哪裡，都需要旁人協助。

然而，她並沒有因此對人生懷抱怨懟，也沒有因此對生活絕望，反而積極地參與殘障協會的工作與活動，藉自己微薄的力量幫助更需要幫助的人。

回想起母親年輕時的活潑美麗，法蘭西斯分外覺得老天不公與殘酷。但是，在他的記憶裡，母親卻總是帶著微笑去面對每一天的生活。

法蘭西斯長大以後，在州立監獄裡任職，他的母親主動要求到監獄裡教寫作。法蘭西斯的印象很深刻，每次母親來到監獄裡，都有許多人圍著她，仔細聆聽她所說的每一個字。

她說的話，彷彿總是能夠爲別人帶來力量。

有一回，法蘭西斯看見母親給一位年紀很輕的囚犯寫信，信裡寫道：

親愛的韋蒙：自從接到你的信之後，我便經常想到你。你在信裡提到被關在監牢裡有多麼難受，關於這一點，我深感同情。你說我不能想像也不能理解坐牢的滋味，我想你錯了。

我想對你說，監獄是有許多種的。在我三十一歲時，有一天醒來，人完全癱瘓了。一想到自己從此被囚禁在不能自由行動的軀殼裡，再也不能在草地上奔跑，也不能抱起我的孩子，我的心便難過極了。

有好長一段時間，我躺在那裡，問自己這種生活還值不值得過。因為，我所重視的所有東西，似乎都已經失去了。

但是，我後來想到，我還是有選擇自由的權利。我可以決定在看見我的孩子時是哭還是笑，我可以決定是要咒罵上帝，還是請他賜予我信心；我還是有許多決定的權利，可以決定接下來該怎麼過活。

我決定盡可能充實地生活，設法超越身體的缺陷，擴展自己的思想和精神境界。我能選擇為孩子做個好榜樣，也能在感情上和肉體上枯萎死亡。

自由有很多種，韋蒙，我們失去一種，就要尋找另一種。

你可以看著鐵窗，也可以穿過鐵窗往外看，你可以為自己的人生做決定。

就某種程度上說，韋蒙，我們命運相同。

看完信，法蘭西斯已淚眼模糊。直到這時，他才把母親看得更加清楚，也更能體會到母親面對人生的態度。

當闔眼長逝之前，人若能回顧自己有限的生命，必可以發現，漫長的一生其實是每一個抉擇結果堆積而成的。

英國十九世紀知名的社會改革作家塞繆爾．斯邁爾斯說過這樣的一句話，他說：「生活的不幸與失敗，不是他人造成的，而是自己造成的。」

得過且過，不願為事業耗盡心力，那是我們的選擇；將所有的時間拿來賺錢，暫時先將家人的感受置於一旁，那也是我們的選擇。成為一名實業家或是一名流浪漢，都是我們自己的選擇。

所以，不要把眼前的絕境歸諸上天或旁人，因爲一切都是自己的選擇，假使我們賴坐在絕境處痛哭不走，即使神明來拉也是拉不動的。

受不了眼前的現況就站起身離開；覺得自己可憐，就想辦法不要讓自己那麼可憐；認爲自己倒楣，就徹底改變自我，轉變運氣。可以做的選擇那麼多，在地上打滾和哭鬧，或是自悲自憐，是其中最沒建設性的幾種。

即使行到絕處，你仍然可以找出一條走出困境的道路。

換個心情思索自己的處境

與其為別人的差別待遇忿忿不平，何妨換個心情思索自己的處境，藉由外在的尖刻來磨礪自己？這會比漫無目標地胡亂衝撞來得更有意義。

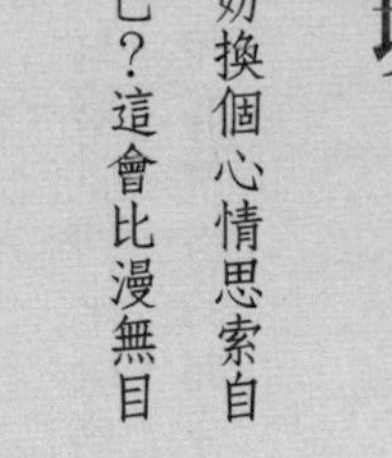

我們不能說這是個狗眼看人低的世界，但是，很多時候，人的外在條件、身分地位，確實會影響旁人的態度。

遇到勢利的人，你該怎麼辦？一味指責對方、要求別人改變，要是別人不改、不動，你又能如何？

與其如此，還不如花費心力去增強厚植自身的實力。讓自己成爲目光的焦點，別人自然會反過來依從你的想法。

美國汽車大王亨利．福特曾經感嘆地說，自己之所以能有如此成就，全是起因於一家餐館裡的際遇。

當時，他還只是個修車工人，有一回領了薪水，興致勃勃地打算到當地一家他觀望了很久的高級餐廳吃飯，想要好好慰勞自己一番。

想不到自己在餐廳裡呆坐了近十五分鐘，沒有半個服務生過來招呼他。最後，總算有一位服務生走過來問他是不是要點菜。

亨利連忙點頭稱是，服務生接下來一句話也不吭，不耐煩地將菜單粗魯地丟在他的桌上。

亨利忍住氣打開菜單，才看了幾行，耳邊就傳來服務生輕蔑的聲音：「不用看得太仔細，反正你只要看右邊就好了（印有價格的部分），至於左邊的（只印有菜色菜名的部分）你就不用費事去看了。」

亨利忍不住抬起頭來，目光正好迎視到服務生的眼神，他清楚地看見對方臉上寫滿了不屑。

這種情況立刻讓他的憤怒打從心底湧出，當下第一個反應，就是想要點最貴的大餐，給那個服務生一點顏色瞧瞧。

不過，他很快就打消這個念頭了，因爲想起口袋裡那份微薄的薪水，不得已，咬咬牙，還是只點了一份漢堡。

服務生從鼻孔「哼」了一聲，態度傲慢地收回了亨利手中的菜單，嘴巴雖然沒有再多說些什麼，但是臉上的表情清楚地讓亨利明白，他早知道這個窮小子只吃得起漢堡罷了。

服務生離開之後不久，餐點總算上桌。亨利並沒有因爲花錢還受氣的緣故而繼續惱恨，他反而一邊吃一邊冷靜下來思考，爲什麼自己總是只能點最便宜的食物，而不能點眞正想吃的大餐。

從此，亨利立下志願，期許自己一定要成爲社會中的頂尖人物。

果然，他從一位平凡的修車工人，變成了叱吒美國車壇的風雲人物，改寫了汽車界的歷史。

面對同樣的問題，你會怎麼處理？又有何種感想？

必定有些人會痛批那名服務生態度傷人，也有些人認為這樣的餐廳不值得去，或者號召更多受辱顧客向他們討回公道。這樣的想法都是在檢討別人，希望別人做出改變，但別人眞的會改變嗎？亨利．福特不同，他決定省思自己，因爲只要自己夠強壯，那麼再大的風波都撼動不了。

社會上形形色色的人都有，我們沒有辦法要求每一個人都順從我們心意，只能形塑自己，讓自己發揮影響力。

法國思想家阿魯貝德認爲：「人不應該將不幸歸咎於環境，應該學習重新鍛鍊自己的意志，並確認自己此後應走的路。」

與其爲別人的差別待遇忿忿不平，何妨換個心情思索自己的處境，藉由外在的尖刻來磨礪自己？這會比漫無目標地胡亂衝撞來得更有意義。

先處理心情，再處理事情

一個健全的社會人，該是一個能夠處理自我情緒的人。我們想要培育更多健全的社會人，便應該從當個健全的父母開始做起。

教育子女，自然是父母的天職，也是父母無法規避的責任。但是，高壓式的威恐，並不能讓孩子眞正心悅誠服，反而會視管教爲洪水猛獸，逐漸與父母疏遠。如果爲人父母者，在發怒之前能夠先冷靜想清楚再開口，就會發現很多話自己會自動刪除，選擇不說。

有一天，大衛在後院裡教七歲的凱利如何使用割草機除草，突然室內電話聲響起，不一會兒，妻子跑來要大衛去接聽電話。

就這麼短短幾分鐘，等大衛聽完電話回來，幾乎快要抓狂了。只見凱利一個人將割草機在後院推來推去，所過之處全都一片平坦，包含大衛最珍愛的花圃。

大衛忍不住提高了音量，要兒子不要再推了，快點放過他的花圃。他太過於焦急、生氣、憤怒，以致於沒有發現兒子瑟縮的肩膀以及渲然欲泣的神情。

這時候，妻子走到他的身邊，將手輕放在他的肩膀上：「大衛，別忘了，我們是在養小孩，不是在養花。」

大衛終於冷靜下來，收斂了臉上的怒容，將快要哭出來的兒子抱進懷裡。從兒子顫抖的肩膀，他知道凱利真的嚇壞了，而他不知道自己還來不來得及修復孩子脆弱的心靈。

面對類似的狀況，麥克斯和妻子會有截然不同的處理方式。有天，他們帶著七歲大的女兒外出用餐時，女兒不小心打翻了桌上的水杯。麥克斯夫婦連忙請服務生協助將桌上的一團混亂整理好，過程之中，夫婦都沒有大聲責備女兒，或是給她嚴厲指責的目光，因爲他們知道，女兒已經爲自己不小心犯下的錯誤感到自責了。

後來，麥克斯的夫婦才從女兒口中得知，他們的做法是如何安撫了她的心。她說：「我希望你們知道，我眞的很感謝你們不像別的父母一樣。我大部分朋友的父母在他們不小心犯錯的時候，都會對他們咆哮，並且教訓他們以後要更小心一點。我眞的很謝謝你們沒有那麼做。」

摔破一個茶杯、弄髒一條桌巾，當然是很惱人的事，總是不免會怒極攻心地想大吼，要是孩子再小心一點就好了。但是，一個茶杯、一條桌巾，會比一個孩子重要嗎？

換個角度想，來你家作客的人不小心摔破茶杯、弄髒桌巾，你會這麼暴跳如雷，指著對方的鼻子痛罵嗎？

英國劇作家蕭伯納曾說：「當你叱責小孩之時，在盛怒下掌摑他的臉頰，這種羞恥恐怕他一輩子也忘不掉。因此對不可無情責打小孩。」

孩子是會將父母的每一種樣貌記憶在心底的，即使他們最終能夠明白父母的苦心，但是在驚嚇當時及過後的感受，往往難以磨滅。

人是胎生的動物，而且生下來不能跑，不能跳，不會自己覓食吃東西，需要父母給予更長時期的養育與照顧。先處理心情，再處理事情，父母應該多一點耐心，多一點寬容，孩子才能培養出健全的人格。

一個健全的社會人，該是一個能夠處理自我情緒的人。我們想要培育更多健全的社會人，便應該從當個健全的父母開始做起。

別把家人當敵人

婆媳之間是否一定要戰爭？男人是否一定要當夾心餅乾？不妨想想，既然決定要成為一家人，又為什麼要把對方視為敵人呢？

男人常是婆媳之間的那塊夾心餅乾，平時不論偏袒哪一方都不對，一旦出了問題，就像「豬八戒照鏡子」一樣，裡外不是人。

但是，男人不能把問題置之不理，試圖置身事外，否則必然將會讓自己陷入怎麼做都不是的地步。

結婚二十二年以後，畢頓才找到和妻子佩姬親近的秘方。

佩姬對畢頓這麼說：「我知道你很愛她，既然生命如此短暫，你就應該多跟你所愛的人一起共度時光。我覺得，你們兩個在一起的時間越多，反而會讓我們更加親近。」

畢頓剛開始簡直不敢相信自己所聽到的，因爲妻子佩姬竟要他去和另一個女人約會，而且深信，他們約會得越久，夫妻的感情反而越好。

佩姬鼓勵畢頓去約會的女人，其實是畢頓七十二歲的老母親。

自從畢頓的父親二十年前去世以後，他的母親就一直獨居到現在。雖然畢頓在成家立業之後，一直有接母親前來同住的念頭，但是由於母親不想離開家鄉，而畢頓也沒把握佩姬願意接納這個做法，於是不了了之。

在佩姬的催促之下，畢頓打了電話給母親。

接到電話，畢頓的母親顯然相當吃驚，連連地問：「發生了什麼事嗎？」她以爲兒子無緣無故打電話，肯定有什麼問題。

所以，當畢頓邀約她一起去吃飯、看電影的時候，她顯得受寵若驚。當然，她還是很愉快地答應了。

到了約定當天，畢頓開車來接母親，他覺得母親看起來好像有點不一樣了。盛裝打扮，還特地去做了頭髮，看起來精神煥發。畢頓覺得有好長一段時間未曾見過母親如此神采奕奕的模樣了。

原本畢頓的心是忐忑的，他不知道這麼久沒有和母親單獨相處，兩個人該說些什麼話，反倒是畢頓的母親顯得健談許多，聊了許多趣事，讓畢頓原本的不自在感漸漸消除。

他的母親說：「我告訴我的朋友，我兒子今天要帶我出去約會，她們全都大呼小叫的，迫不及待地要我告訴他們今天晚上的約會經過。」

畢頓突然覺得，自己像是回到小時候，每天一放學就衝進廚房裡對著煮晚飯的母親嘮叨一整天在學校裡發生的事。

那種感覺，現在回想起來，實在溫馨極了。

點菜的時候，畢頓很自然地拿過菜單，因爲母親的視力已經退化到看不太見上面的字了。看著畢頓一一點菜的模樣，他的母親笑著說：「呵呵，現在交換過來了，以前可都是由我來點菜的呢。」

一頓飯吃了下來，母子二人的話匣子打開，說了又說、聊了又聊，最後甚至錯過了看電影的時間，整個吃飯的過程輕鬆且愉快。

最後，畢頓開車送母親回家，臨去前，他給了母親一個吻。他的母親笑著說：「下一次我還要和你一起去約會，不過，換我請客。」

畢頓心情愉快地回到了家，妻子佩姬連忙來問他狀況如何，他摟著妻子，在她頰上輕吻一下，而後說：「謝謝妳，老婆。」

佩姬紅了臉頰，語帶得意地回了句：「我早告訴你了，不是嗎？」

小說家亨利．詹姆斯明確地指出：「和人交往時，切勿忘記一件事，即對方有固有的生活方式，因不可以干擾他人的生活。」

尊重彼此，留有妥協與呼吸的空間，我們將不會有摩擦。

經營婚姻生活，也是相同的道理。一段婚姻的展開，不只結合了兩個人，也結合了兩個家庭。不論男方或女方，都等於是多了一對父母；不論是公公婆婆或是岳父岳母，都等於是多了一個孩子。

當然，突然不得不和完全不相熟識的人相處，剛開始必定會經過一陣子的磨合期。比起已和「新」父母相處數十年的另一半，自然得面臨更多的衝突與協調，這是不可避免的。

但是，就像結交新朋友，不都是得從認識對方開始做起，了解對方的優缺點後，以誠摯的態度交往？

如果有了先入為主的想法，恐怕還沒有展開婚姻生活，就已經決定要彼此爭鬥了。「否定」與「敵對」的結果必然難以避免。

婆媳之間是否一定要戰爭？男人是否一定要當夾心餅乾？不妨想想，既然決定要成為一家人，又為什麼要把對方視為敵人呢？

幸福的回饋，來自情感的連結

當我們將一個生命納入自己的羽翼之下，就代表著願意為他的一切負責，他的一切，不論好的、壞的，都和我們產生緊密連結。

現代人正面臨著層出不窮的災難，天災、戰爭、社會案件、能源危機……各式各樣的禍事不斷在我們的生活中出現，摧殘著我們的心靈，心理學家稱這種現象爲「精神性的創傷」。

想對抗這個充滿「精神性的創傷」的世界，人必須設法找回愛人的能力，重新體會什麼是「幸福的感覺」。

法國作家雨果說：「人生無上的幸福，就是確信我們被愛。」

在愛人的時刻，同樣也能得到幸福的回饋，這就是愛的奧妙。

在世界射擊錦標賽的頒獎典禮現場，發生了一個緊急事件：現場沒有人找得到剛剛出爐的冠軍普欽可夫。

這個事件發生的時間非常敏感，因為近來報章雜誌上層出不窮的恐怖、爆炸、劫持、綁架等字眼，鬧得人心惶惶。許多人開始揣測是不是有什麼因素，導致普欽可夫不能上台領獎。

主辦單位連忙要人立刻廣播，希望普欽可夫立刻出現在領獎台上。廣播喇叭登時開始聲聲播送：「普欽可夫，普欽可夫，請馬上到領獎台前！普欽可夫請立刻上領獎台！」

那麼，普欽可夫到底在哪裡呢？

整個頒獎會場找他找得人仰馬翻的時候，他正安然無恙地在會場外第一個公共電話亭裡，和他的媽媽通電話。

「媽！妳看見了嗎？妳聽見了嗎？我贏了，我贏得冠軍，破了紀錄！」

普欽可夫的媽媽也同樣在電話的另一頭激動地說：「聽見了！聽見了！電視機裡正播著呢！你聽，播報員正在喊你的名字呢，快，快領獎去。」

「我跟妳說，用媽媽的眼睛瞄準，靶心就像就大又圓大清楚的月亮，我可以清清楚楚地透過準星瞄得精準，子彈一飛出去就直達靶心。」普欽可夫興奮得熱血沸騰。

知道普欽可夫過去的秘密，就不難理解他現今開心的模樣。

普欽可夫十歲的時候，他的眼睛曾經因爲罹患黑色腫瘤，被醫生判了死刑。如果不進行眼球摘除術，腫瘤快則三個月、慢則半年就會蔓延全身，危及他的性命。當時許多醫生都束手無策，普欽可夫的母親帶著年紀小小的兒子四處求醫，只求能夠救兒子一命。

他們最後來到眼科專家巴甫琴科醫師所在的醫院，因爲普欽可夫的母親聽說，巴甫琴科醫師已經成功將眼球移植手術施行在一隻盲犬身上。

普欽可夫的母親見到巴甫琴科醫師以後，立刻請求進行手術，將自己的一個眼球移植給兒子。但是醫生卻不敢貿然進行手術，因爲這項手術目前還沒有足夠的醫療成果可以應用在人體上。

普欽可夫的母親聽完立刻說：「醫生，總得有第一個吃螃蟹的人吧，你幫我把一隻眼睛移植給我的兒子，我和我的兒子就都能夠擁有一個光明的未來。你瞧，平白地就從一個光明的未來變成兩個光明的未來，怎麼看都合算，對吧！醫生，我求求你。」

後來，巴甫琴科醫師終於決定幫普欽可夫進行手術。

可惜，這一次的手術失敗了，但是普欽可夫的母親並沒有放棄，說服醫生進行第二次手術，再次嘗試將自己剩下的唯一眼睛移植給兒子。

總算皇天不負苦心人，第二次的手術成功了，這也是人類史上第一次成功的眼球移植手術。

故事中的普欽可夫，如果沒有母親的犧牲，必定沒有辦法重見光明，也沒有辦法擁有光彩榮耀的人生。因此，相對的，在普欽可夫的心中，份量最重的，自然是他的母親。

當一個女人有了自己的小孩，意味著她從這一刻開始不再是單獨的個體，而會很自然地讓孩子佔據自己的心思、時間與一切。

這是一種自然的母性力量，讓女人變得更爲堅強，從心底湧起一股保護的力量，努力想要讓生命延續下去。

嚴格來說，這種母愛心思不只有女人有，也不只有針對小孩。當我們將一個生命納入自己的羽翼之下，就代表著願意爲他的一切負責，他的一切，不論好的、壞的，都和我們產生緊密連結。

情感是一種相互且相對的流動元素，當我們感受到對方的眞心誠意，便很難無情以對。若執意斷裂這樣的連結，自己所受的傷可能會更加嚴重。

塑造自己的獨特魅力

我們要做的，不是想方設法讓自己變成和某人一樣的人，
而是找出自己的特質與特長，塑造出專屬的獨特魅力。

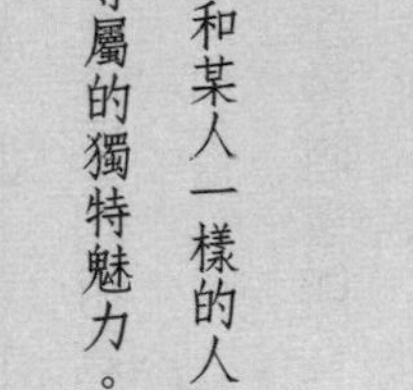

當我們爲家人、朋友的成就感到驕傲時，其實心裡也相對地希望自己能讓對方驕傲。這是人之本性，也是榮譽心的激發，一種相互勉勵的自然動力。

然而，當這股力量偏斜、失衡的時候，原本的動力，很可能就反過來變成一種壓力了。這時候，你該如何面對？

雖然有一個太空人爸爸是一件值得驕傲的事，但是大衛・加佛卻也忍不住想要大喊：身爲一個太空人的兒子，必須肩負好大的壓力。

或許是大衛的父親眞的太過優秀，他在高中時代同時擔任橄欖球隊隊長、班長，還是學報編輯。相對來說，十一歲的大衛感覺上就是個比較平凡的學生，不管是打籃球、踢足球、打棒球，成績都普普通通。

當然，大衛也不是一無長處，事實上他寫得一手好文章，只是從來不曾向人展現自己的才能。他寫詩，也寫短篇小說，可這些文字最後都被藏在他的紅色筆記本裡，放在書桌最底層的抽屜。

大衛很想做些一鳴驚人的事，比方從起火的房子裡救出小孩，或者把搶劫老太太的壞蛋趕走，讓所有的人對他印象改觀，讓爸爸爲他感到驕傲。大衛也夢想自己有一天能夠成爲英雄，像是發明拯救全世界的特效藥等等，但是，他很清楚這些都是白日夢，距離現實太遠。

有一天，上英語課的時候，老師宣布學校將舉辦父親節作文比賽，希望班上能有同學投稿參加。大衛的心躍動了一下，提筆寫字這件事對他來說並不困難，這是他可以做得到的。於是，他決心參加比賽。

放學回家的路上，大衛很快地想好他的題目和打算寫的內容。他捨棄「我父親是太空人」這樣的開頭，因爲很多人知道他的父親是個太空人，但是，在大衛眼中，父親卻不是太空人的模樣。

他決定將自己眼中眞正的父親，一點一點地描繪出來。

在大衛眼中，父親是什麼模樣呢？

他寫道：「我看見的父親是怎樣的呢？我看見他在黑暗中坐在我身旁，當我還是個小孩，做了惡夢的時候；我看見他教我怎麼樣打球；我記得，當我的狗被汽車撞死，他抱著我好幾個小時。他會在我八歲生日的慶生會上，帶來另一隻小狗，使我大吃一驚。他會在我哭的時候，告訴其他的人我只是因爲很嚴重的過敏症才哭；他在祖父過逝時，以最委婉的方式對我說明什麼是『死亡』。對我來說，我的父親不只是個太空人，更是深切愛我的父親。而我，以身爲他的兒子爲榮。」

大衛的文章標題爲〈我父親的兒子〉。

三天後，評審結束，學校在禮堂舉辦了一次公開的發表會與慶祝會，邀請所有的學生與家長一同來參加。同時，得獎的前三名，他們的作品將會在現場被朗讀出來。大衛的作文獲得了第三名，得到了獎金五十美元。校長高聲宣布，大衛走上台，腿在發抖，當他讀著作文時，聲音也在顫抖。

讀完後，聽衆們鼓起掌來。他看見父親擤著鼻涕，母親的臉上滿是淚水。大衛走回自己的座位。

「你也得了過敏症，爸爸。」他試圖開玩笑。

父親點點頭，清清喉嚨，把手搭在他的肩上：「兒子，這是我一生中最驕傲的時刻。」

故事中的大衛，很清楚知道父親的成就讓他以及全家人感到驕傲，能夠和如此偉大的人同爲一家人，是一件與有榮焉的事。但是，大衛卻也因爲父親像是一道巨大且超越不了的高牆，因而感到自卑落寞。

他很希望自己不是一個什麼都比不過父親的人，即使只能成爲一日英雄，對他來說都是一種迫切需要的情緒舒緩。

沒有人喜歡技不如人的感覺，沒有人喜歡輸的感覺，競爭與超越是人類的本能。但是，當競爭對象是自己重視且在乎的人，矛盾將因此產生。

所幸，大衛找到一個出口，他利用文字和筆，爲自己成功爭取了一次光榮時刻，也讓他的父親爲他感到驕傲。

卡內基說得精闢，他說：「儘管你處心積慮地模仿別人，亦將一無所得。因為你是一個『新人』，過去的世界上絕沒有一個和你一模一樣的人，即使翻遍所有的歷史，也不可能發現和你完全相同的人。」

我們要做的，不是想方設法讓自己變成和某人一樣的人，而是找出自己的特質與特長，塑造出專屬的獨特魅力。

只要有心，就沒有不可能

深愛一個人，將一個人放在心上，用心去關注，就會不離不棄，心甘情願陪伴到最後。

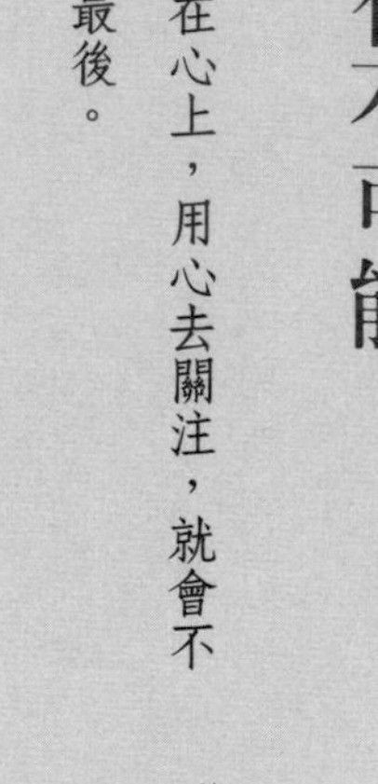

有句古語說：「夫妻本是同林鳥，大難來時各自飛。」強調人世無常，即使是親密如夫妻，一旦面臨危難，也不免迫於情勢各自分飛。

正因爲如此，那些始終堅持同心的夫婦才會特別被人重視，令人感動。因爲眞情難得，所以彌足珍貴。

災變、危難是誰都不願意面對的，但是，天有不測風雲，災難降臨之際，如果你不願意和對方共同承受那些扎在心頭的刺痛，又如何爲彼此建立一座可以悠遊一輩子的幸福花園呢？

約翰的妻子珍妮罹患了癌症，夫妻同心地一同面對病魔八年，然而，最後，珍妮還是離開了人世。

要照顧生病的妻子，還要照顧七個子女，約翰耗費了極大心力。

珍妮病逝之後，約翰整理她的遺物，發現一張小小的紙條，紙條上寫著他的名字。他淚流滿面地看完之後，才知道這張紙條是妻子留給他最後的遺言，也是最後的情書。

紙條上，珍妮以歪斜的字跡，謝謝她的丈夫從不吝惜疼愛、照顧與牽掛，在她病痛的時候給予幫助。「忍讓我，支持我，總是讚美我。照顧到我的需要，在我需要的時候出現在我的身邊。謝謝你，熱情、幽默、善良、體貼的約翰，你是我最知心的朋友。」

回想八年來的心路歷程，約翰不敢說自己是珍妮紙條中所寫的那樣好的丈夫。

有時候，他也會脆弱得不知該如何是好。

可是，他會想，如果自己垮了，不能爲珍妮堅持下去，那麼，珍妮一個人該怎麼辦？

他很慶幸自己努力到了今天，雖然遺憾妻子的離世，但至少不會因爲自己沒盡過心而後悔。

約翰將珍妮給他的紙條隨身帶在身上，當思念愛妻的時刻，就取出來讀一讀、望一望，心情便能夠平靜。

朋友問他：「爲什麼你能夠堅持這麼久？爲什麼你能夠做得到？」

約翰摸摸胸前口袋裡的紙條，靜靜地回答說：「只要你愛得夠深刻，你就能夠做得到。」

故事中的約翰說出一個重點，「只要愛得夠深刻，就能夠做得到。」人與人之間的維繫，其實就在一個「心」字而已。

有心，很多不可能都將化為可能。

深愛一個人，將一個人放在心上，用心去關注，就會不離不棄，心甘情願陪伴到最後。因為在乎、因為感動、因為心疼、因為不捨，許許多多動人的平凡故事就此被印記下來。

歌德曾斬釘截鐵地說：「愛是真正使人復甦的動力。」

確實如此，當我們有心、有愛，就能從心升起源源不絕的力量，再怎麼艱難辛苦的處境，都能滿懷信心地走過。

看重自己，就沒有人可以小看你

一個看重自己的人，必然會蓄積足以為他人看重的能量；一旦這些能量發散出來，那份光彩必將換來應得的尊重。

不管是任何一個企業或任何一個單位，領頭決策者自然極爲重要，但是，每一個環節裡的每一個小螺絲釘，也都是一樣重要。

試想，一部只有引擎、沒有車輪的汽車，如何開動？有了車輪卻無運轉順暢的軸承，車輪也無法依引擎的功率跑動。甚至，只要少了幾個螺絲釘，就可能導致汽車在高速行駛下發生意外。

詹姆斯的兒子正在和鄰居的小孩們說話，他們在談父親們的工作。

有的人說：「我爸爸是公司經理。」

有的人說：「我爸爸是議員。」

問著問著，問到詹姆斯的兒子鮑伯。鮑伯有點不自在，吶吶地說：「他是一個和工作奮鬥的人。」

相較於其他小孩的父親們位居津要，詹姆斯的工作顯得低微許多，他是一名工廠的作業員，也就是一般所謂的藍領階級。

小孩們的對話被詹姆斯的妻子聽見了，當孩子們被各自的母親叫回家吃飯時，詹姆斯的妻子也把鮑伯叫進廚房。

她對兒子說：「鮑伯，你說你父親只是一個與工作奮鬥的人，這一點，你沒有說錯。但是，我希望你了解，這並不是一件讓人丟臉的事。如果沒有你爸爸辛苦工作、賺錢養家，我們也不能過這麼平穩的生活。」

鮑伯點點頭表示自己明白，於是詹姆斯的妻子繼續說了下去，她說：「每一個工作場所裡，只有大老闆、只有高級官員、只有高級幕僚，是不行的。不管是商店、賣場、工廠，沒有人去執行繁重的基層工作的話，是沒有辦法讓每一個單位順利運轉的。一棟房子要蓋得漂亮、住起來舒適，只有建築設計師是做不到的，還得有技術高明的木工、泥水匠相互配合才能完成。所以，最偉大的工作者，不是位居上位的人，而是底下盡力付出完成自己任務的每一位員工。這一點，你要記得。你的父親一向認眞盡責於自己的工作，我們應該要爲他感到自豪、驕傲。」

詹姆斯這時正好走進廚房裡，聽到妻子說的話，感動萬分。兒子鮑伯見他回家，飛也似地撲到他身上說：「爸爸，我知道，你是最偉大的工作者。」

每個企業、每家公司裡的成員都一樣重要。執行長很重要，銷售經理很重要，工廠廠長很重要，財務部門很重要，難道工廠裡的作業員就不重要嗎？

一個運作順暢的團隊裡，是不會有多餘的人存在的。因爲有每一份子在每一個環節裡發揮最大的功能，才能共同創造出高產能。

故事裡，詹姆斯的妻子要兒子明白的，就是這個道理。

《智慧書》的作者葛拉西安曾經如此寫道：「不是每個人都能擔任國王。但不論你所處的階層或條件，你的言行舉止應當與王者看齊；無論做什麼，你都應當具有王者風範，要有崇高的行動和心靈。」

這番話提醒我們創造自己的價值，看重自己的價值，當我們深深確信自己是個有價值的人，我們就能夠展現出更高的價值。

不要爲了眼前的工作或職位自卑，只要你看重自己，就沒有人可以小看你。一個看重自己的人，必然會蓄積足以讓他人看重的能量；一旦這些能量發散出來，那份光彩必將換來應得的尊重。

適時傾聽，會讓心靈安寧

在危急的時刻，假使我們沒有能力扮演英雄角色，那麼，至少讓我們成為一股安心的力量吧。傾聽和陪伴往往就是使心靈得到安寧的特效藥。

危機或災難發生的時候，每個人都需要一些關心和幫助。適時的關心和幫助，可以讓人保持冷靜，度過眼前難關。

遇到突發狀況，人一旦失去信心，有了害怕的念頭，原本可以做得到、做得好的事，將會失去不少效果，甚至往較糟的方向偏去。

這種時候，有人會選擇向親朋好友求助，求助不是因為不知道該怎麼處理，而是因為需要有人陪伴。

艾曼達在夜裡十一點突然接到女兒莫拉的電話。莫拉在外地上大學，平時很少回家，但是每個禮拜一定會打電話回家跟媽媽報平安。不過，她不曾在這麼晚的時間打電話。

莫拉開口就說：「媽媽，和我同寢室的朋友剛剛差點自殺，她拿了一大瓶安眠藥想吞藥自盡，幸好我們及時把藥搶了下來。我們現在全都不敢睡覺，每個人輪流陪她。她以前就有自殺未遂的前例。」

從莫拉顫抖的聲音裡，艾曼達知道自己的女兒正在害怕，然而，她遠在天邊，艾曼達也不知該怎麼做才能幫得上忙。

艾曼達逼自己以最溫和的態度和聲音說話，只希望不要再增加女兒的壓力。她說：「妳們請求醫生幫忙了嗎？」

莫拉回答：「還沒有，她現在已經穩定下來。她說不想張揚這件事。」

艾曼達可以理解孩子們心裡在想些什麼，不過還是希望能有大人在她們身邊幫忙。於是，她對莫拉說：「聽著，妳們還沒有辦法自己處理這樣的事，妳的朋友需要專業人士的幫忙。所以，妳應該先把事情跟舍監說明清楚，她會知道該怎麼辦的。」

莫拉沉默了好一陣子，而後才又開口說：「媽，我好害怕。」

艾曼達聽得既心疼又心焦，連忙回話說：「寶貝，我也害怕，我希望我能在妳們身邊陪妳。」

艾曼達不斷地傾聽女兒的聲音，不時地對她給予支持與鼓勵，她對著女兒說，也對著女兒的朋友說。在這個時刻裡，她不會去問孩子學習的進度和學校生活的狀況，也不去要求孩子得用功學業，她知道，現在孩子需要的不是這些，只是想要有人可以說說話。

直到莫拉的心情鎮定下來，艾曼達心中的大石也才安放下來，她知道遠在異鄉的女兒已經能夠處理好接下來的事了。

心一旦慌亂，很多事情都會跟著亂了步調。發生意外事故之時，要是每一個人都心浮氣躁、慌亂不安，事情可能產生的變數便會隨之波動起來。

這時候，我們需要的只是一股安心的力量，讓我們知道自己不是孤獨一人，知道援軍就快來到，如此就不會怯步不敢向前。

而這股力量，可能只是一句話、一個擁抱。

日本有這麼一句諺語：「溫柔的一句話，便可以溫暖一個冬天。」就算親朋好友不能時時刻刻陪伴身邊，在需要慰撫的時候，一句關心的言語就可以激起無窮力量。只要張開口說句好話，就能夠幫助別人，爲什麼不做？

在危急的時刻，假使我們沒有能力扮演英雄角色，那麼，至少讓我們成爲一股安心的力量吧。讓彼此相信事情一定會好轉，一定會往良善的方向變化，而後，我們的心就能靜下來，不再慌亂焦慮，也就能夠好好想想，接下來該怎麼辦、該怎麼做。

對方意亂心慌的時候，別急著說個不停，而要慢慢地聽。別忘了，傾聽和陪伴往往就是使心靈得到安寧的特效藥。

Part 4

放鬆心情，才能激發潛能

在湖裡泛舟，越是快速搖槳，
越是容易打滑，反而變成在原地打轉。
如果放輕槳上的力道，切水而入、撥水而行，
便能夠順利地前進。

與其強迫，不如順水推舟

北風和太陽都能讓人將外套脫下，但太陽的方法顯得高明了許多，以讓人不心生抗拒的態度處世，所受到的阻礙與反抗將會是最小的。

想要讓別人依著自己的想法做事，是一件不容易的事。

每一個人都有決定自己想要做什麼的權利，而每一個人也都堅信自己有這樣的權利。所以，當我們被要求、被脅迫、被威逼，就會心生反抗。

這就好像用力拍擠一顆皮球，皮球要不就是會反彈跳起，要不就是會被壓扁，變得不再是皮球。

據說，有一個軍隊的將領，一直為自己的軍隊同袍感到為難，原因是兵士們雖然戰功彪炳，但是衛牛習慣奇差無比，每一個都用袖子來擦鼻涕，看起來非常噁心，而且有礙軍容。

更糟糕的是，不只一般士兵這麼做，連身為中校、上校等領導階層的軍官也都這麼做。因此，即使將軍明文告誡，要求士兵不可以再用袖子擦鼻涕，違者就要處罰，還是一點效果也沒有。

後來，將軍想了一個辦法，他命衛兵買來許多手帕，發給各階層的將領。但是，第二天將軍還是看見大家用袖子擦鼻涕，這下可把他氣壞了。

他將所有將領叫到跟前來，厲聲責問他們手帕到哪裡去了，結果，有人說掉了，有人說沒帶，就是沒一個人把手帕放在身上。火大的將軍氣得吹鬍子瞪眼睛，最後，要他們全都把軍服上衣給脫了下來，然後出去。

軍官們一個個面面相覷，不知道將軍這次發火會有什麼後果。該不會革他們的職吧？只能垂頭喪氣、提心吊膽地回到自己的崗位。

第二天早上，將軍又將軍官們全部叫來，沒說什麼就把軍服發還給他們。軍官們全都喜出望外，急忙將軍服穿上，很高興將軍沒有將他們全部撤職。

剛巧，一名軍官不小心打了個噴嚏，很自然習慣性地抬起手來就要用袖子擦鼻涕，這一擦把他擦得哇哇大叫。

原來，將軍命人將他們的軍服袖子上縫上一排金釦子，要是他們又想用袖子擦鼻涕，就會被釦子刮得傷痕纍纍。

漸漸地，軍官們改掉了用袖子擦鼻涕的壞習慣。

外人不明所以，見軍官們筆挺的軍服上縫上一排金釦，非常好看，便紛紛跟著模仿。現在，在袖子上縫上袖釦，已經變成一種時尚了。

想要別人幫我們摘取樹上的果子，最好的方法就是幫他架好梯子，然後設法讓他覺得爬上梯、摘下果是他自己的決定，是他自己想要這麼做。如此，他不但會感謝你幫忙架梯，還會將你想要的果子與你分享。

故事裡的將軍，試了各種方法都沒能讓將領們改去用袖子擦鼻涕的惡習，後來他選擇賜予好看的金釦，一方面象徵榮譽，一方面也讓他們無法再輕鬆地以袖子擦鼻涕，可說是兩全齊美。

如此一來，子弟兵們必定也學者縫上袖釦，很快地也能將惡習改正，這才是眞正風行草偃的治理之道。

北風和太陽都能讓人將外套脫下，但太陽的方法顯得高明了許多。同樣的，想滿足自己的某些需求，與其強迫，倒不如順水推舟，以讓人不心生抗拒的態度處世，所受到的阻礙與反抗將會是最小的。

靈活競爭才能出奇制勝

學習並不等於模仿，在學習的過程中加入個人的領悟，配合自身的特長，才能將別人的成功經驗內化成自己的真正實力。

前人的經驗，無論成功或失敗，都可以給我們許多啓示，讓我們得以避開危險、困難，依著安全的策略地圖前進。

然而，許多被前人標示爲絕境之處，並不一定眞的毫無生機，無法超越，而是還沒找到最恰當的方法。

有些困難，乍看之下似乎難以克服，但並不是完全無法突破。假使可以想出辦法，通常就能夠達到出奇制勝的效果。

一八〇〇年，拿破崙第二次攻打義大利，這一次，他決定不再依循一七九六年進軍義大利的南線道路，而是選擇另一條捷徑。這條捷徑必須穿越義大利邊境的天險——阿爾卑斯山，唯一的路口是義大利與瑞士之間的小聖伯納德山口，向來以艱困難行著稱，對於行軍的隊伍來說，更是難上加難。

但是，拿破崙卻認爲，自己覺得困難的路徑，敵人也必然會如此想，相對的也會放鬆戒備。因此，他決意實踐自己的名言：「任何一條小徑，只要山羊能過，軍隊也能過。」暗中派遣先鋒部隊朝阿爾卑斯山山徑進發。

果然，奧國軍隊統帥梅拉斯並沒有料到拿破崙會做出如此決定，反而將兵力分散在亞歷山大里亞等西南地區，若是法軍選擇南線道路，雙方勢必有一場激戰。不料，排除萬難行軍山隘的法軍，以出乎梅拉斯想像的速度進擊了米蘭，且成功斷絕了奧軍的補給和退路。

拿破崙果然如願在馬倫哥戰役之中，徹底擊潰奧軍。

後來，一八〇五年，拿破崙揮兵進軍奧國，也同樣捨棄一七九七年的波河河谷路線，改走多瑙河河谷。

奧軍主力查理公爵率領九萬五千精兵在波河河谷，卻苦等不到拿破崙軍隊的蹤影，年輕又經驗不足的費迪南公爵則無法抵擋拿破崙行動速捷的大軍，法軍又輕鬆地贏得了勝利。

有很多媒介可以告訴我們成功的案例，也有很多管道可以讓我們了解致勝的秘訣，然而，手握兵書眞的能讓人百戰百勝嗎？

其實不然。若是只會紙上談兵，而不知道依實際的狀況運籌帷幄，空有幾百種戰術，恐怕一項也派不上用場，一種也沒有效果。

拿破崙之所以成功，並不在於他的兵法學得比別人精妙，而在於他懂得變通，懂得反其道而行，最重要的是，他懂得冒險。他懂得在別人不得不放棄的地方多努力一點，支撐久一些，一旦越過了心理上的障礙，人自然會產生更多自信，做起事來也更具戰無不勝的氣勢。

不按牌理出牌，出其不意、攻其不備，自然比別人更容易佔得先機。

我們當然可以大肆地仿效他人成功的作為，但是學習並不等於模仿，學習是掌握精髓，模仿只是畫虎類犬。在學習的過程中加入個人的領悟，配合自身的特長，才能將別人的成功經驗內化成自己的真正實力。

山繆·史曼斯說得直接：「不敢形成自己的意見、觀點的人必定是一個懦夫；沒有自己的觀點、意見的人必定是個懶漢；不能形成自己觀點、意見的人則必定是個笨蛋。」

一個人想要成功，絕不能只是依樣畫葫蘆，而是要設法將別人的經驗轉化成自己的養分，並且不斷尋求突破的方法，才能使自己的人生道路暢通。

沒有勝算，就設法拉長戰線

成功，並不意味著不顧一切代價地蠻幹，而是衡量自身的能力，對外在的挑戰進行有效抗爭。

作家賀伯曾經勉勵我們：「雖然你無法改變自己的處境，但是你卻可以改變自己的心境。」

人生總有無可奈何的時刻，當你沒有能力改變自己的處境時，唯一可以改變的就是你的心境。

有一句話說：「留得青山在，不怕沒柴燒。」當正面衝突沒有勝算的時候，避開鋒頭可能會是比較好的方法。

有些人背脊剛硬，事事不肯屈服，很容易讓對手產生除之而後快的敵意。背脊骨一旦被打斷，人也活不久，動不了了。這種時候，不妨轉換念頭：只要能比對手活得久，就能得到另一種成功。

在惡政統治時期，埃格爾先生的家門口來了一名特務。特務手上持有一份文件，表示這座城的新任統治者賦予他權力，只要他的腳踏進哪一棟房子，那棟住宅就合法歸他所有；凡是他要什麼食物，那樣食物就得屬於他；他需要哪個人幫手，那個人就得聽他使喚。

就這樣，那名特務成功地進駐到埃格爾先生的家裡，埃格爾先生不僅必須爲他準備食物，提供他換洗衣物，還要服侍他睡下。

那名特務在入睡之前問埃格爾：「你願意服侍我嗎？」

埃格爾沒有說話，只是幫他蓋上被子、趕走蒼蠅，在他房門口守衛。

這樣的日子，埃格爾過了七年，七年裡，他一句話也不說。

七年後，成天吃飽睡、睡飽吃的特務，醒來後除了發號施令以外什麼都不做，不只成了一個大胖子，最後還因病一命嗚呼。

就在那一天，埃格爾先生將那個胖死在床上的特務以被子包裹，丟出屋外，然後將整棟屋裡的上上下下全都刷洗乾淨，連牆壁都重新粉刷過一遍。

就在一切全都整理完畢之後，他坐在沙發上，輕輕嘆了一口氣，而後堅定地說：「不，我不願意。」

在時勢所逼的情況下，沒有本事逞英雄的人，暫時忍氣吞聲、忍辱負重，是為自己留下活路的可行方法。

就好像故事裡的埃格爾先生，他選擇忍下一切的怒氣，只求讓自己保有一線生機，雖然身體被奴役，但至少精神是自由的。當那名特務命亡，他就得以重新得回他自己的一切。

我們不知道生命裡的難關會在何時出現，也不知道會是什麼樣的難關讓我們難過且痛苦，但是，有一件事是確實知道的，那就是撐過了眼前的難關，就能夠緩解身體與心靈的壓力，獲得喘息的空間。

美國激勵作家威廉．丹佛曾說：「有勇氣的人並不是沒有恐懼，關鍵在於他戰勝了恐懼，用積極的生活去挑戰恐懼。」

成功，並不意味著不顧一切代價地蠻幹，而是衡量自身的能力，對外在的挑戰進行有效抗爭。

贏的人，經常是支撐得最久的人。沒有勝算，就別正面衝突，不如以時間換取空間，拉長戰線，拖垮敵人戰力，最後便能擁抱成功。

改掉錯誤，再次步上坦途

一個人若能夠盡力去彌補曾經犯下的過錯與造成的損傷，這種善意的念頭便值得給予鼓勵。

孔子說：「知錯能改，善莫大焉。」不管以往犯了什麼錯，一個人若能夠盡力去彌補曾經犯下的過錯與造成的損傷，這種善意的念頭便值得給予鼓勵。

世界上沒有不犯錯的人，重點在於犯錯之後是否勇於面對錯誤，是否願意改變心境，讓自己重新開始。

哈利犯了一個錯，這個錯誤讓他感到非常後悔。

他是一名稅務員，身爲稅務員最大的要求就是公正不阿，品格良善。但是，半年前，哈利收完各地的稅款款項，途經一個汽車展銷會，看中了一款心儀已久的跑車。銷售員鼓吹說，只要能夠現場預付頭期款現金，就能夠馬上把車開走；否則，這一款大受歡迎的車，很快就可能銷售一空。

哈利很猶豫，因爲他手頭上的現金不夠，但是，不論怎麼說，銷售員都不肯幫他把訂單保留到下個禮拜二。最後，哈利咬著牙、狠下心，決定先暫時借用剛剛收來的稅款，等一下到波特蘭市再將他自己的債券變現，放回稅款的保險箱裡。可是，就在哈利開著新車飛奔前往波特蘭市時，車子意外打滑，結果出了嚴重車禍。哈利不只受重傷被送進醫院，挪用公款的事情也因此爆發了，出院後還得接受六個月的牢獄生活才能回家。

他的父親痛心地說：「兒子，你眞是糊塗啊。」

哈利只能低著頭悔恨地說：「是的，爸爸，我知道。」

當他終於回到家，躺在自己的床上，心底卻沒有踏實的感覺。因爲，他不知道自己該如何面對這個鎮上的所有人，他不知道大家是不是能夠接受一個已滿心懺悔的罪犯，他害怕被別人排斥。

就這樣，哈利整天都躲在家裡，哪裡也不去，既不去找工作，也不肯出門買東西，家無疑像是另一個無形的監獄，將他牢牢關著。

幾個星期後，哈利的父親對他說：「孩子，你有什麼打算嗎？我們並不是在催你，這裡永遠都是你的家，但是……」

哈利知道父親接下來想說些什麼，於是他收起手上的報紙說：「正好，波特蘭有人想找伐木工，我準備明天就去應徵。」

哈利在鎮外找了一份不用調查個人資料的工作，每天在人煙罕至的森林裡砍伐木頭。雖然工作辛苦，薪水微薄，但是他感受到一股自由。

然而，時間久了，他還是會想家。一天，揣著懷裡剛領到的薪水，他搭上公車回到自己的家鄉，走進麥克唐納的雜貨店裡，想要用自己親手賺的錢買禮物送給家人，讓他們安心，也讓自己安心。

他帶著忐忑的心情來到麥克唐納的櫃台：「你好，麥克唐納先生，我需要幾件白色襯衫和幾雙襪子。」

麥克唐納二話不說，便拿了哈利要的尺寸的衣物出來，而後哈利又買了幾樣東西給父親和母親。他的手一直插在口袋裡，緊緊握住一卷鈔票，隨時準備好要拿出來付帳。

挑選完畢後，哈利說：「就這些了，一共多少錢？」他覺得自己的手心已在發汗，努力讓自己的聲音不要發抖。

麥克唐納看了他一眼，然後打開桌上的記帳簿，翻到寫有哈利名字的那一頁，邊寫邊說：「一共是二十二美元五十美分。」

接過麥克唐納替他包好的東西，哈利露出釋懷的笑容。現在，他知道，自己是眞正回到家了。

哈利雖然離開了監獄，但他卻沒有離開自己心底的牢籠，甚至在牢籠之外還要加上層層圍籬，藉此自我封閉。

這種做法，或許讓他可以不用立刻去面對衆人的目光，但卻也讓有心援助他的人，不得其門而入。

他面對的是存在心上的枷鎖，除了他自己，別人是拿不下來的。所以，他決定離開家庭保護，離開自己依賴的環境，離開過往智慧和聰明的背景，重新找尋人生的出路。

唯有勇敢面對過往的錯誤，未來的人生才可能是一片坦途。他在以自己理解的方式重新開始，即使沒人要求他，但是他不肯因此輕易地放過自己。

當覺得自己的努力告一段落以後，他便想測試一下努力的成果。麥克唐納先生以行動表示了對哈利的信任，這個舉動，無疑爲哈利打了一劑強心針，使他更有勇氣重新去面對外界的眼光。

工作態度決定你的價值

無論置身的環境如何困頓，無論眼前的工作多麼繁重，只要願意調整自己得心境，學會改變工作態度，我們就會是有貢獻、有價值的人。

什麼樣的人才是偉大的？什麼樣的人才值得尊敬？

有一句廣告詞說：「認真的女人最美麗。」這話讓人認同，其實，不管男人女人，當一個人盡心盡力地去完成自己手上的工作時，所散發出來的氛圍，都會讓人覺得充滿魅力。

艾爾比的年紀大了，走起路來行動顯得緩慢、沉重，但這並不代表他是個等死的老傢伙。嚴格來說，艾爾比工作得比誰都來得賣力，也比誰都熱愛自己的工作。

艾爾比平時以幫人打零工維生，舉凡修理棚架、在冬日裡幫忙管理夏季小屋、釘木窗等等，他都能慢條斯理地完成，而且追求完美。

有一回，艾爾比受顧在村子的路口幫忙蓋一個小垃圾棚架。棚架得分成三個小間隔，每個間隔內放置一個垃圾筒。只見艾爾比就像一位雕刻家一樣，優雅地使用工具，隻手撫過木料，就好像在與木頭溝通。

等到艾爾比將棚架做好時，許多人都讚嘆木工的精美與確實。每一塊木頭都緊密接合，沒有奇怪的突出。每一根釘子都牢牢地固定，沒有不小心打歪的釘眼刺人。棚架的開關處，十分地好開好關，不會有難聽的咿啞聲，也不會有關不上的問題。最後，艾爾比為棚架均勻上了一層綠色的漆，等漆色變乾，工作就大功告成了。

所有的人都認為已經很完美了，但第二天，艾爾巴又帶著工具前來，在已經陰乾的棚架表面，再均勻地噴上一層漆，使得漆色更飽滿好看。

這就是艾爾比的做事方式，一點一滴盡全力做到好，絕不隨便馬虎。艾爾比的收入並不高，生活也不算富裕，但是他從不缺工作，也不曾爲工作而辛勞煩悶，總是依著自己的速度與進度進行。

識貨的人多半都會來找艾爾比，因爲他們知道，只要是出自他手中的木工、家具，必定都是實實在在、牢牢靠靠的。

我們在這一生中追求財富和享受，以自身的勞力和智慧去換取，但我們究竟是在付出與獲得的過程中，創造了自我的價值？還是只換得口袋裡的鈔票，或是存摺裡的數字？

故事裡的艾爾比，沒有令人欣羨垂涎的財富與名利或榮華富貴，但是他那自由自在的生活哲學，以及執著於自己的每一項工作，如同完成藝術品一般的態度，卻如此令人嘆服。

換一個角度來想，艾爾比又何嘗不是最自由的人呢？他不爲金錢所奴役，也不爲工作控制，認爲自己該做什麼就去做，依靠自己的力量去生活。

那些爲了事業與金錢汲汲營營，過勞且耗費心力的人，恐怕還要反過來羨慕艾爾比的生活呢。

美國教育家耶爾．哈法德曾經如此強調：「不計報酬地工作，往往可以從工作中得到更多超乎預料的報酬。」

那份報酬或許就是意指我們能夠眞正體會到，自己絕不是一個無能的人，從勞動筋骨和絞盡腦汁的過程中，證明了自己是個有能力創造的人。

無論置身的環境如何困頓，無論眼前的工作多麼繁重，只要願意調整自己得心境，學會改變工作態度，我們就會是有貢獻、有價值的人。

放鬆心情，才能激發潛能

在湖裡泛舟，越是快速搖槳，越是容易打滑，反而變成在原地打轉。如果放輕槳上的力道，切水而入、撥水而行，便能夠順利地前進。

有時候，我們為了解決問題而傷透腦筋，鑽進了牛角尖，怎麼想也想不透；在壓力的影響之下，越想越不明白，越想越參透不了。

此時，如果能夠改變心情，讓緊繃的思緒適度放鬆，說不定反而能夠有突如其來的靈感，甚或是不可思議的能量相助。

美國賓州大學的希爾普雷西特教授，是著名的楔形文字破譯者。然而，他剛開始探索楔形文字的符號邏輯和演變過程，事實上是困難重重的。他曾經連續好幾個晚上睡不著覺，只為了想要找出問題的答案。

在他的個人傳記裡，曾經提到自己當時的經驗。

有一回，苦思到了半夜，他實在覺得全身累極了，不得已只好上床睡覺。他不確定自己究竟是在什麼時候睡著的，在朦朦朧朧、半睡半醒之間，他做了一個非常奇怪的夢。

在夢裡，一個年約四十來歲、十分瘦高的人，身上穿著像是古代尼泊爾僧侶的袈裟，帶著他走進一間天窗開得很低的小房間。房間裡有一個很大的木箱子，地上有些散置的瑪瑙與琉璃碎片，看起來像是一座藏寶庫。

而後，那名僧侶開口說話：「你在論文第二十二頁和二十六頁提到有關刻有文字的指環，事實上那並不是指環。克里加路斯王（西元前一三〇〇年左右）曾經送了一些瑪瑙、琉璃製品給貝魯寺院，其中有一項就是上頭刻有文字的瑪瑙奉獻筒。後來，寺院突然接到一道命令，要求僧侶們在一定的時間內交出一對獻給尼布神像的瑪瑙耳環。由於時間太緊迫，寺院裡又沒有足夠的材料，僧侶們只好將瑪瑙奉獻筒一切爲三，其中兩段製成神像的耳環。你以爲是指環的瑪瑙碎片，是其中的一部分。如果你把那些碎片拼合在一起，就知道我所說的事實不假。」

僧侶說完話後便消失了，希爾普雷希特也立刻清醒了過來。爲了避免自己很快地遺忘，便一五一十地將夢裡僧侶所說的話全部轉述給妻子聽。

第二天早上，他到古物遺蹟的現場去察看那些碎片，果然，夢裡那名僧侶所說的全都是眞的。

有一種經驗，相信很多人都曾經有過：想快卻偏偏快不了，越是在意執著，越容易把事情搞砸。

凡此種種，都因爲壓力過高造成的副作用。這時候，若能夠緩下心情、按部就班，反而能讓事情如期順利完成。

就好像在湖裡泛舟，越是快速搖槳，越是容易打滑，反而變成在原地打轉。

如果放輕槳上的力道，切水而入、撥水而行，便能夠順利地前進。

焦慮無法解決問題，把自己逼得太緊，只是徒增壓力罷了。

遇到百思不得其解的問題，何妨放鬆心情，讓潛意識幫你解決？就好像故事中的希爾普雷希特教授，或許他遇上了神蹟靈異，但也或許他其實已經在解決問題的門前，只是不得其門而入，而他的夢境正是潛意識適時地給予的引導。

美國宗教家諾曼．文生．皮爾如此說道：「當你感到緊張，可能的話，去度個假吧！將你的手錶暫時拋開，在生活中尋找建立和平的小島，並學會儲存一些能夠放鬆自己的能量。」

當你為事情做了萬全準備，卻總差臨門一腳；抑或是，你明明練習了又練習，努力了又努力，卻總是不能成功，你可能如皮爾所說的——太緊張了。

想要破除這種緊張，唯有放鬆。

放鬆心情，給自己更包容的空間，你才有機會看見內在的潛能。

相信的力量，能激發無限能量

印度聖雄甘地曾說道：「我們的信念是不停燃燒的燈火。這不僅僅帶給我們光明，也照亮周圍。」相信的力量，能導引出無限龐大的能量。

擔憂、恐懼、焦慮……等等負面情緒正困擾著每個現代人，如果不設法克服，人就會罹患更多精神疾病。

那麼，要如何清除這些負面情緒，活得幸福快樂呢？

暢銷勵志作家M．J．萊恩在《幸福改造計劃》中提供的答案是：學習積極正面思考，激發自己的潛能。

人的潛能是相當龐大的，有時候只要一點信念支撐就能夠繼續堅持下去。就好像在茫茫大海中，只要有一根浮木攀抓，就可以激發旺盛的鬥志，增加被營救的機會。這就是信心和信念的力量，這就是相信的力量。

巴里、麥克斯、約翰、吉姆四個人，受探險家馬克格夫聘僱當腳夫，一起進入非洲叢林探險。行前，馬克格夫答應要給他們一筆極爲豐厚的工資，他們很高興地答應了。

馬克格夫要他們四個人一起扛著一個極爲沉重的箱子，沿途不管路況如何艱難、天候如何糟糕，都要以箱子爲重。他們私下猜測箱子裡面一定裝有極爲珍貴的寶物，否則馬克格夫不會這麼重視。

可是，很不幸的，在半路上，馬克格夫染上瘧疾，就此長眠在叢林之中。臨終前，他對巴里等四人交代說：「我要你們向我保證一步也不離開這個箱子。如果順利平安把箱子送到我的朋友麥克唐納教授手中，你們將會得到比金子還要貴重的東西。只要能夠做到我的請求，你們一定可以得到。」等到四個人都答應了，馬克格夫才闔眼閉目。

四人將馬克格夫埋葬在叢林裡之後，便扛著箱子上路了。

但是，茂密陰暗的叢林裡，道路越來越難走，有時候連路也沒有，他們只覺得肩上的箱子越來越沉重，氣力也越來越小了。

叢林裡，不時可以看見許多遇難的探險家屍骨，但林子裡雜木叢生，林中小徑錯綜複雜，要是行差步錯，說不準他們也會迷失在這個叢林裡，化爲一堆白骨。他們彼此支撐著對方，因爲他們知道，一旦四個人中任何一個倒下，其他人勢必無法將這個沉重的箱子扛出叢林。在最艱難的時刻，他們不忘相互鼓勵，只要能夠順利將箱子帶出叢林，就能夠得到比金子還要珍貴的東西。

終於有一天，眼前的綠色林木不見了，這意味著他們走出了叢林。四個人精神大爲振奮，連忙找到麥克唐納教授，向他索取應得的報酬。

教授聽完說明之後，兩手一攤：「我不懂馬克格夫在說些什麼，大家都知道我是個窮教授，家裡什麼都沒有啊。或許，箱子裡面有些什麼寶貝吧。」

教授承諾要是箱子裡有什麼寶物，願意與他們四個人一同分享。沒想到，一打開箱子，在場的人全都傻了眼。

裡面根本就沒有金銀財寶，而是一段段的實心木頭。

約翰率先大吼：「這是在開什麼鬼玩笑？」

吉姆也忍不住大聲抱怨：「就是啊，這些木頭根本屁錢都不值，我們被那個傢伙騙了！」

「哪有什麼比金子還貴重的報酬？那個該死的傢伙，我早就覺得他有神經病！」麥克斯同樣發出憤怒的咆哮。

麥克唐納教授面對三個人的怒氣，一時之間不知所措，但他也想像不出好友馬克格夫這麼做的原因。這時，久久一聲不吭的巴里說話了。他說：「好了，你們別吵了，我們確實得到了比金子還貴重的東西，就是我們的性命。」

如果不是那個箱子支撐著他們求生的意志，他們四個人恐怕早就倒下了。

曾經看過一則短篇小說，故事裡描述一個孩子罹患重病，被告知即將不久於人世，因此意志變得消沉，治療也顯得效果不彰。而後，醫生對小孩說：「是的，你的病情很嚴重，等到窗外的葉子掉光，你就的生命也會結束。」

於是小孩每天醒來都會先注意窗外在葉子的狀況，只要葉子還沒掉光，他就安心地度過這一天。雖然秋天來了，葉子漸漸掉落，但總還有最後一片葉子停留在樹枝上，維繫住小孩的信心。漸漸地，孩子在醫師的治療下逐漸康復。

後來，他才發現，原來最後的那片葉子是假的，是畫上去的。

不過是一片葉子，竟有如此大的力量。

印度聖雄甘地終其　生都在致力貫徹他的信念，而且力行不殆，他的成功，是舉世共睹的。他曾說道：「我們的信念是不停燃燒的燈火。這不僅僅帶給我們光明，也照亮周圍。」

相信的力量，能導引出無限龐大的能量。就像故事中的馬克格夫自己雖然永遠出不了叢林，但卻有辦法讓幫助他的四名腳夫順利離開，就是藉由一個沉重的箱子，給予他們求生與希望的意念，激發出無窮的潛能。

互相幫助才能往前進步

每個人的成功都不是孤獨的成就，是許多人合力付出堆積起來的成果。就是因為相互信任、相互幫助，人類社會才能不斷往前進。

美國思想家愛默生曾經說：「一個人抱持怎樣心態，他就是怎樣的人；一個人表現出怎樣行為，他也就是怎樣的人。」

對週遭環境所採取的態度，正是一個人最好的推薦信，如果你想使事情順利地朝自己期望的方向發展，那麼對週遭的人，就要抱持著互相幫助的態度。

如果我們能成功，絕對不是單靠自己一個人的力量，在我們的身後，必定有許許多多的力量支持著。

這世間必然有英雄，但是，英雄的存在與成就，並非單憑一人。

二次大戰時，美軍曾經進駐一個名叫安姆爾的小村莊，但是隨著戰況演變，這個村莊被德軍重重包圍。

那時是冬天，一連下了幾天的大雪，遍地一片白茫茫。想不到，雪停了之後，美軍的部隊反而變得動彈不得。因爲在一片銀白的雪地上，身著淺綠色制服的士兵無疑像彈靶一樣顯著。

美軍指揮官約翰召集了所有的參謀人員舉行緊急會議，會中有人建議以白色的床單作爲掩護。約翰也覺得這是一個不錯的辦法，可是一時之間哪裡找來那麼多的床單，給六百名士兵進行掩護僞裝呢？

他們和安姆爾村的村長連繫，希望能夠請村長幫忙募集，盡可能地收集白色床單。約翰信誓旦旦地承諾：「用完以後很快就會歸還。」

由於安姆爾村曾經多次受到德軍的侵占，村長二話不說便同意幫約翰這個忙，希望美軍能夠成功阻止德軍的行動。不到半個小時，村內教堂的走廊上就堆了約莫兩百條的白色床單。

約翰立刻命人將床單分發給士兵，不過，他很快就發現自己失算了。因爲士兵們一拿到床單，有的撕成方巾、有的裁成細條，有的挖洞套成斗篷，總之，在僞裝行動之後，幾乎沒有一條床單是完好如初的。

經過黎明的突襲，美軍成功阻撓德軍的進勢，可是約翰立刻接到命令將軍隊移調他處。

不到半年，戰爭便宣告結束，約翰從此解甲歸田。至於那些借來的床單，早已隨著軍隊的遷移而遺落四方了。

約翰原本以爲再也不會聽到安姆爾村這個地名，借床單的記憶也變得縹緲遙遠。不料幾年後，他竟從波士頓的報紙上瞧見了記者前往二次大戰戰地做的特別報導。其中，記者訪問了安姆爾村的村民。

小村莊在戰後已恢復了原貌，雖然物資缺乏，但居民們多半安好。有一位村民打趣地對記者說：「如果那個跟我們借床單的美國人能夠把床單還我們就好了，他答應用完就要還的。」

約翰讀完報導，去信報社坦承自己就是報導中言而無信的人，並表示，如果可以的話，他會想辦法還村民兩百條白色床單的。

約翰的信在報上發表以後，不到兩週內，報社收到一條又一條的白床單，還有許多小額支票。許許多多的人在知道了約翰和安姆爾村的故事後，都忍不住慷慨解囊。

隔年冬天，約翰再次來到安姆爾村，帶著他的諾言前來，而村民們也一如當時熱情借床單的情況，聚集在一起接受他歸還的床單。

一個科學家發明了造福人群的器械，他的成功不是他一個人的。如果沒有人幫他將各種生活瑣事照顧妥當，他就不能全心全力地投入發明。

一個醫學家發現了治療嚴重疾病的治療方法，他的成功不是他一個人的。如果沒有團隊裡的其他人員同心協力，如果沒有接受他治療的病人相互配合，他不可能如願開發新療法。

一個優秀的政治家，沒有供他服務的民衆，沒有信賴他的支持者和追隨者，又如何能看得出他的優秀？

每個人的成功都不是孤獨的成就，是許多人合力付出堆積起來的成果。

德國哲學家尼采曾經說：「你助人，然後人助你。這是鄰里之間互愛的原則。」人與人之間，就是因爲相互信任、相互幫助，人類社會才能不斷往前進步，發展至今日的繁榮社會。

幼稚與天真不等於愚蠢

雙親是一個重要的職業，最安全且安心的做法，是把孩子當成朋友、夥伴來對待，父母親就能和孩子相互學習，一起成長。

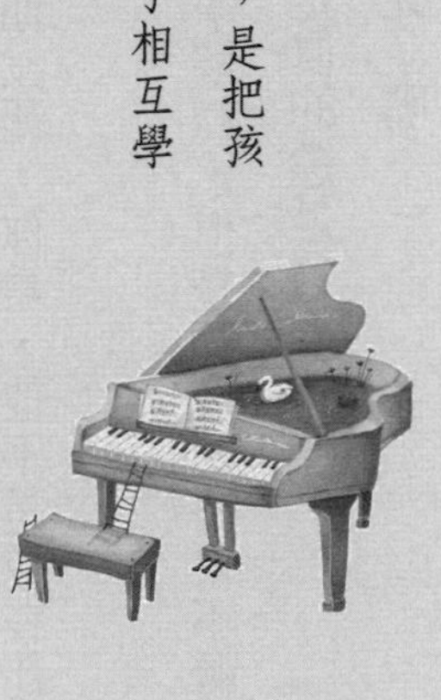

金凱瑞曾在一部電影中飾演一名顛倒黑白的知名律師，經常放兒子鴿子、說話不算話。結果，他的兒子在生日的時候許願，希望父親永遠不能說謊，而這個願望成真了。

多少的謊言才會讓一個小孩決定不再相信自己的爸爸？是多少的忽略讓小孩決定自力救濟？這部喜劇背後的意涵，值得成人細細思量。

安德魯三歲的兒子勒克，已經能夠清楚判斷眞實與虛幻。

有一天，電視上播出了美國總統約翰·甘迺迪的生平紀錄片，螢幕上剛好是甘迺迪年輕時在海上駕駛帆船的畫面。這時，坐在安德魯大腿上的勒克仰頭問爸爸：「爸爸，那個人是誰？」

安德魯回答：「約翰·甘迺迪，以前的美國總統。」

勒克又問：「他現在在哪裡？」

安德魯漫不經心地說：「他死了。」

沒想到勒克顯得非常激動，很快地抗議：「他沒死，你看，他不是還在比賽帆船嗎？」

安德魯對兒子的反應感到有趣，只好耐著性子解釋，但是勒克始終目不轉睛地盯著他看，彷彿想要從他的表情中判斷這些話是眞的還是假的。

勒克狐疑地問：「他眞的死了？他的一切都死了嗎？」

勒克一臉正經的模樣，讓安德魯忍不住想要發笑，但是他還是裝出嚴肅的表情說：「是的。」

勒克把注意力放回電視螢幕前，沒多久就又回過頭來問：「那他的腳死了嗎？」這下安德魯可忍不住了，哈哈大笑起來。

從此之後，勒克開始留心生死這個問題，每次父子兩人到樹林裡散步時，勒克會特別去留意樹林裡死去的小昆蟲、小動物，而安德魯也藉著這個機會對兒子進行生命教育。

安德魯對兒子說：「大部分的人認爲，人在身體死亡以後，還有一個部分仍然活著，那就是靈魂。雖然我們的眼睛看不見，但是我們的心感受得到，這種情況稱之爲『懷念』。」

儘管安德魯認爲對一個三歲小孩來說，這樣的話題可能太深奧了，但勒克卻聽得津津有味。

一年半以後，勒克的曾祖母過逝了。在守靈夜，曾祖母家裡來了許多賓客，都是前來緬懷她的親友。安德魯牽著勒克的手，也來到曾祖母的棺木前，見曾祖母最後一面。

勒克盯著曾祖母的遺體一會兒，然後輕聲地說：「爸爸，那個人不是老奶奶，老奶奶根本不在裡面。」

安德魯問：「那她在哪兒呢？」

勒克很自然地回答：「她在別的地方和人說話呢！」

安德魯蹲下來看著兒子，說：「爲什麼你這麼認爲？」

勒克嚴肅地說：「我不是認爲，我是知道。」

父子兩人相視一陣，而後勒克又說：「爸爸，這就是懷念嗎？」

安德魯欣慰地摸摸兒子的頭，輕聲說：「是的，這就是懷念。」

有些人不太知道要怎麼和小孩子相處，要不就是避而遠之，要不就是努力裝幼稚、裝白癡，好讓自己去理解小孩在想什麼、說什麼。

可是，小孩子其實也有自尊的，他們雖然年紀小，思緒還不成熟，但絕不是笨蛋，也不喜歡被當成笨蛋對待。他們或許天真，什麼都會相信，可這並不表示他們喜歡被人欺騙。

前述故事中，安德魯雖然總忍不住讓兒子勒克的天真童語給逗笑，但很可貴的是，他能夠以平等的態度來和兒子溝通。沒有蓄意做假與欺瞞，也沒有無禮的輕蔑與不屑，所以，他的兒子勒克能夠自發思考，學習處理生活裡的種種人生課程。

蕭伯納曾經直言不諱地說：「雙親是一個重要的職業。但是，從來沒有人為孩子進行這個職業的適性調查。」

孩子不能選擇自己的父母，爲人父母者，也不一定受過良好的職業訓練。因此，最安全且安心的做法，是把孩子當成朋友、夥伴來對待，父母親就能和孩子相互學習，一起成長。

Part 5

遇上困境，不妨換個角度省思

跳出問題的框框，以客觀的角度去琢磨不同的情境，
我們就能重新面對過往以為的絕境，並找到新的出路。

心中有愛，就該讓生活更精采

真正彼此關心疼愛的人，不會以死亡來牽絆對方。真心的喜歡，是希望對方活得幸福，活得快樂，不論自己是不是能夠同享。

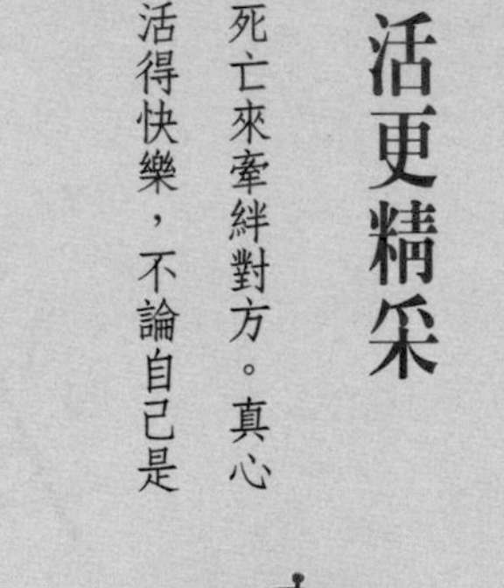

人的生命總有盡頭。人的一生，最有意思之處，在於我們不會知道生命的盡頭在何處。或許是在遙遠的未來，或許就在下一瞬間。

既然人生有限，人與人之間相處的時間有限，那麼，爲什麼要耗費我們有限的時間相互爭吵、批鬥、排擠呢？爲什麼總將財富、物質、名利之類的事放到生活的最前端呢？

有一對老夫婦，結縭數十年，感情一直相當好。但是，在老先生病重之後，分別的時刻終於來到了。

老先生在臨終時對妻子說：「答應我一件事。」

老太太緊握著丈夫的手，說：「我答應你，什麼事都答應你。」

老先生以最後的氣力對老太太說：「答應我，妳會好好地活下去，快樂地活下去。」老太太只能含淚點頭，目送丈夫離世。

一日早晨，她站在院子裡發呆，望著一輪紅日冉冉從地面升起，看起來是如此鮮活、明亮，嶄新得如同新生的嬰兒。四周的景物都漸次地被鍍上了一層耀眼的金芒。

老太太的心被打動了，這畫面多美，那種以前每天和丈夫一同欣賞日出時的感動，似乎又重回乾涸的心靈。老太太輕輕地對自己說：「是的，我要好好地活下去，要繼續快樂地活下去。」

第二天起，老太太買來畫筆、畫紙，然後開始把自己的所見所聞在畫紙上記錄下來。從七十多歲開始，過往從沒學過畫畫的老太太，日日夜夜地作畫，一直到她去世爲止，共完成了一千六百多幅畫作，畫作裡的生命力，鮮活地令人動容。她在自己的自傳中寫道：「我很快樂，也很滿足。我用我的生命去完成我的所能。生命是用來創造的，過去是這樣，未來也是這樣。」

故事中的老先生和老太太，幸運地能夠相陪走過一段好長的旅途。他們是彼此最佳的同行夥伴，一起度過許許多多的美好片段，但是，再如何不甘心、不情願，人生旅程總是有人先走完，先下車。留下來的人，縱然有再多的不捨，也只能選擇接受。

在梁山伯死後跟著赴死的祝英台，固然留下了淒美的結局，但是，如故事中的老太太一般，認眞且眞心地活過餘下的日子，不是更有意義？

眞正彼此關心疼愛的人，是不會以死亡來牽絆對方的。如果你眞心喜愛一個人，你會希望對方終日以淚洗面，痛苦萬分嗎？眞心的喜歡，是希望對方活得幸福，活得快樂，不論自己是不是能夠同享。

大仲馬寫過十分動人的一段話：「我們相愛太深，所以，從我們要分手的這個時刻起，我的靈魂一直要伴隨著你，跟你在一起；你的靈魂也伴隨著我，跟我在一起。你悲傷的時候，我會覺得我的心也充滿了悲傷。你想起了我，微笑的時候，你要知道，我會看到你那愉快的笑容。」

若兩個人眞心誠意地相愛，愛到結髮牽手、彼此不分，那麼，再遠再久的分離，也不過是一段小別，終有重逢相聚的一天。

不會做夢的人最可憐

人生有夢，才能築夢踏實。假使連一個小小的夢想都不想去奢望、祈求，人生實在再可悲不過。

人生當然不應該一味地沉浸在夢幻裡面，總是得面對生命裡的各種現實情境。但是，一個人如果連做夢都不會，豈不是太過無聊了？

不管心裡存有什麼樣的夢想，只要它仍然在我們的心裡運作，我們就有更多勇氣面對明天的生活。

安德莉亞是個愛做夢的小孩，在她的同伴夢想以後成爲老師或秘書的時候，她的夢想是成爲一個電影明星。親友們全都認爲她太愛做夢了，夢想不能當飯吃，總有一天得要清醒，過現實的生活。

但是，安德莉亞並不這麼想，她決心要追求自己的夢想。所以，她一成年，就決定要前往夢寐以求的羅馬生活。

她總是自信滿滿地對朋友說：「我深信我將會遇到一個英俊的義大利王子，我們將會瘋狂地相愛。」

這番話當然受到不小的訕笑，但是她不以爲意。

她來到羅馬之後，擔任一戶人家的褓姆，每天都會帶著照顧的小孩外出散步。其中，她最常去的地方是特雷維噴泉。

據說，在這個噴泉裡擲入一枚硬幣，日後便能重回羅馬，扔兩枚硬幣則能夠找到眞愛。安德莉亞已經在這座噴泉裡花上一大筆錢了，因爲她每回經過噴泉池，都會投入兩枚硬幣，然後認眞祈求自己能夠早日找到眞愛。

她寫信告訴朋友這件事，朋友還特地回信要她別傻了，不如把錢存下來，還可以貼補一些生活花費。但安德莉亞依舊堅信自己的夢想，一味執著。

有一日，她又對著噴泉擲錢幣、祈禱。這時，有兩位兩輕人注意到她，其中一位走過來問她：「妳是觀光客嗎？看來妳眞的很想回到羅馬，不然就不會扔兩枚硬幣了。」

安德莉亞望著那位淺褐色頭髮的年輕人說：「一枚硬幣是爲了返回羅馬，兩枚硬幣則是爲了找到眞愛。」

那名年輕人頗有興味地問：「妳想在度假的期間找到眞愛？」

安德莉亞回答：「我住在羅馬，我喜歡羅馬。我一直夢想著能在這裡與某個人墜入愛河，我相信我一定能夠找到我的眞命天子，我更相信我的夢想總有一天會實現。」

三人相談甚歡，還一同去喝了咖啡。後來，安德莉亞才知道，原來和她說話的年輕人馬塞羅，正是羅馬足球隊的職業球員，而且是位足球明星。

安德莉亞和馬塞羅陷入熱戀，並且很快地結婚了，婚後育有三名子女。安德莉亞想要看遍世界、找到眞愛的夢想，幾乎已經實現了一大半。

當一個人懷有希望，信念就會成爲行動的推進力。

安德莉亞的夢，在許多人看來或許不切實際的白日夢，但是對她而言，那是她每一天生活結存下來的利息。依靠著這份利息支撐，她就能夠積極地面對眼前尚不完美的人生。

沒有人能夠肯定地告訴你我，我們的夢能不能夠像安德莉亞一樣成眞，但是，只要我們始終朝著夢想和希望前進，一點一滴地累積自己的力量，那麼，我們至少能夠逼近內心的夢想。我們會不斷地前進、不斷地攀升，在新的立足點上重新編織更美更好的夢想。

人生有夢，才能築夢踏實。假使連一個小小的夢想都不想去奢望、祈求，人生實在再可悲不過。

遇上困境，不妨換個角度省思

跳出問題的框框，以客觀的角度去琢磨不同的情境，我們就能重新面對過往以為的絕境，並找到新的出路。

生命中有些困境，就像大雨中的泥淖，當我們不小心陷落進去時，總不免神經繃緊，感到難以忍受。這時該怎麼辦？繼續停留在原來的位置，勢必會不斷加重這樣的情勢，直到壓力加磅至臨界點。如果不試著改變自己的情，轉移注意力與焦點，我們將會被情緒全盤主宰，甚或會失去原本的判斷力。

經過又一次的發怒，這一次薇若妮卡真的決定離家出走了。

她提著皮箱，一路往車站走去，心想自己這下終於自由了，再也不會有誰在她耳邊管東管西，東唸西唸，不許這、不許那。她終於成爲自己的主宰，高興去看電影就去看電影，高興上館子就上館子，再也不用等這個人回應、聽那個人的意見了。

薇若妮卡一邊走著，一邊說服自己——自己做了再正確不過的決定。

忽然，她覺得背後好像有什麼聲音，可是再仔細聽卻又聽不到了。她疑心了一下，停下腳步，把皮箱換到另一手提著，卻沒有勇氣往後看，加緊腳步繼續朝車站的方向走去。好不容易，看到車站的燈光了。薇若妮卡喘著氣在椅子上坐下，整個偌大的車站，此時此刻，除了她竟沒有半個旅客。她把皮箱拎在身側，渾身打了個哆嗦，仰頭一看，原來下雪了。

薇若妮卡這才發現，自己竟然連一件外套也沒帶，此刻皮箱裡除了幾件換洗衣物和一點旅費以外，什麼也沒有，連想拿件衣服出來禦寒都很難。

第一次，薇若妮卡覺得自己的決定好像不是那麼聰明了。

想了好一會兒，雪越下越大，凍得全身發抖的薇若妮卡倏地站起身來，拎起皮箱就往來時的路上走。一邊走，一邊細碎地唸著：「我幹嘛讓那個傢伙待在火爐邊看電視，而自己跑出來吹冷風？要走也是他走，我幹嘛自討苦吃？什麼自由、什麼離家出走嘛！冷死了！」

走著走著，她突然害怕了起來，因爲剛才的怪聲音竟然又出現了，而且好像越來越靠近。

「會不會是熊呢？還是野狼呢？我的天啊！老公啊，你在哪裡？我好怕哇！」

薇若妮卡完全止遏不住自己的想像，於是害怕地狂奔了起來。

一邊跑著，一邊聽著自己如雷的心跳聲，但那個怪聲依然緊緊相隨。眼看家門就在前方，薇若妮卡還來不及放下心來，就感覺到有個影子閃過，她立刻大叫：「老公！救命啊！」

一個熟悉的聲音從她背後傳來，「怎麼啦？我在這兒，別怕！」

薇若妮卡轉身撲進丈夫懷裡，感覺到丈夫溫暖有力的手緊緊抱住了她，這才漸漸平復了下來。她囁嚅地問：「你怎麼會在……」

丈夫回答：「我一直跟在妳後頭。」

經過幾秒鐘的沉默，薇若妮卡開了口：「幫我把皮箱提進去吧。」

跳離原本被困住的問題與情境之後，總算讓薇若妮卡重新去思考自己本身的感受，以及眞正想要的結局。

當你的生命遭遇困境，如果能夠抽身而退，跳出原本的窒礙，回頭再看，很多問題可能都不再是問題了。

不要讓自己的眼界、視界範圍縮小，將焦距拉得過近，我們有時反而看不清全貌。在這樣的情況之下，做任何判斷與決定，都是一種沒有把握的冒險。

俄國作家羅曼諾索夫曾說：「為了能夠做真實和正確的判斷，必須使自己的思想擺脫任何成見和偏執的束縛。」

跳出問題的框框，以客觀的角度去琢磨不同的情境，我們就能重新面對過往以爲的絕境，並找到新的出路。

善用觀察傾聽，有助釐清思緒判斷

茫然於未來，或是為眼前的困境苦惱，先別急著抓狂，冷靜下來觀察周遭的情況和自身的狀況，相信很快就能找到因應的方法。

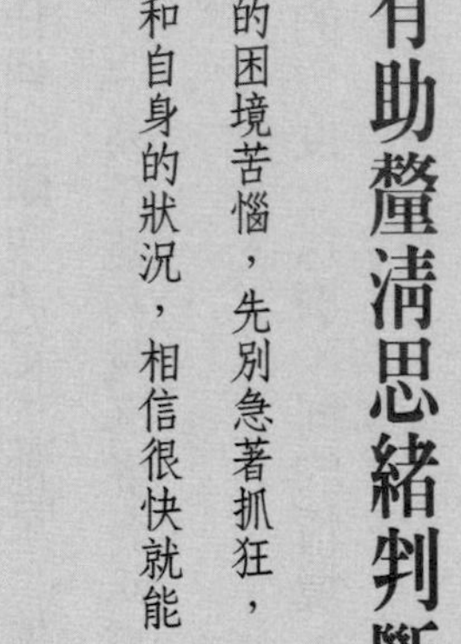

不管是夏洛克．福爾摩斯，還是名偵探柯南，他們高竿的推理本領，總是讓人看得嘖嘖稱奇。甚至只消和他們進行十分鐘的談話，他們就可以猜出對方大致的生活概況，不管是從事什麼樣的職業或是有什麼樣特殊的習慣，都可以判斷得奇準無比。

有些人被路邊的算命仙叫住，很快就因爲算命仙口中道出種種關於自己的想法給嚇了一大跳。很難相信算命仙不過將自己的手掌翻來覆去瞧了幾遍，就能夠把身邊的事情說出十之八九。

眞的有那麼神奇嗎？其實，名偵探和算命師使用的技巧都一樣，就是用眼睛觀察、用耳朵傾聽。只要問對了問題，就可以直達眞相的核心。而後再運用邏輯推理與歸納，將所獲得的各種資訊加以整理，自然就能說出許多藏在表相下的答案。

在美國有一個很受歡迎的節目，名爲〈我是幹什麼的？〉，透過主持人的提問回答，讓現場的觀衆猜猜看來賓是從事什麼樣的職業，猜中者可以獲得大獎。這個節目播出二十幾年來，收視率都居高不下。

艾琳是節目的忠實觀衆，但是讓她很懊惱的是，每一次她都猜不中來賓任職的行業到底是什麼，甚至很難從回答當中聽出蛛絲馬跡。

一直猜不中讓她感覺有點沮喪，於是磨著經常猜對的老公，問他到底有什麼秘訣。最後，她老公被煩得沒辦法，只好說：「我也不知道有什麼秘訣啦，不過有一件事我覺得很重要，就是，一定要在來賓說話的時候仔細地聽。仔細傾聽，可以聽出很多訊息來。」

後來，艾琳依著老公的建議去嘗試，果然比較能夠掌握來賓在回答主持人提問時候的一些特殊的反應，猜測來賓的職業，命中率就因此高了許多。

自從傾聽發揮效用以後，艾琳發現了許多因此而帶來的好處。

有一回，她和一名老太太在雜貨店聊天，知道對方因爲關節炎即將遠行到某一個溫泉勝地度假兼療養，回家後就烤了一點餅乾糕點讓老太太帶走，一路上可以塡塡肚子。當時老太太臉上欣喜和訝異的表情，讓艾琳久久不能忘懷。而老太太度假回來時，竟特地爲她帶來十分珍貴且少見的紀念品，更使她覺得受寵若驚。

一點點小小的關心和善意，一點點小小的留意和付出，竟能獲得如此大的回報。自此以後，艾琳更加堅定要善用自己的耳朵，專注留心傾聽，在能力範圍內貼心爲他人設想。

艾琳相信，透過傾聽，她將能從別人的話語之中得到更多。

雖然，大部分的人都擁有正常的視力與聽力，但是，事實上，眞正耳聰目明的人並不在多數。想要心想事成，就必須先調整自己看待事物的心情。

很多時候，我們雖然在看、雖然在聽，但卻流於聽而不聞、視而不見，可能看不見父母子女低落的心情，也可能聽不見情人心底的抱怨。

事實上，每一件事情都是有跡可循的，只要我們用心去看，用心去聽，我們就能夠如同故事中的艾琳，發現更多、了解更多，也就能夠在待人處事的過程中得到更多。

法國作家羅曼．羅蘭說過：「應當細心地觀察，為的是理解；應當努力地理解，為的是行動。」

經過仔細傾聽與觀察，而後深入地去理解，我們的行動也就能夠得到更加明確的方向。當我們茫然於未來，或是爲眼前的困境苦惱，先別急著抓狂，試著調整自己的心情，冷靜下來觀察周遭的情況和自身的狀況，相信很快就能找到因應的方法。

引導比責罵更有效

首先稱讚對方的優點，然後再慢慢道出他的缺點，如此效果會來得好一些。把這個方法用到公司、工廠或家庭，都能收到效果。

日常生活中，很多讓人惱怒的事情，實際上都是可以透過調節心情加以化解的。教育孩子也是如此，動不動就生氣，就像提著汽油滅火，只會擴大事端。

大多數經常斥責孩子的父母，除了修養不好之外，還常常忽略了引導的重要性，因此才會搞不清楚狀況就大發雷霆。

孩子通常喜歡誇張的表達方式，誇張的目的，有時候是爲了吸引大人的注意，但也有些時候是爲了轉移焦點或是規避自己犯下的錯誤。

如果成人不能耐著性子把孩子的話聽完，以引導的方式讓他們把心裡的話說出來，恐怕會不慎做出錯誤的判斷。

有一天下午，三年級的瑞格爾無精打采地放學回家，一進家門就對著母親抱怨。他高聲地吼叫著：「哼，我們老師壞透了，她今天對我很兇，像個巫婆一樣罵我，眞的讓我很生氣，明天起，我再也不想上她的課了。」

他的母親正在準備晚餐的菜餚，聽完後靜靜地看了他一眼：「是啊，老師大聲罵學生確實不太好，讓你在同學面前丟臉，難怪你這麼生氣，沒有一個小孩喜歡被罵的。」

瑞格爾覺得媽媽果然是站在自己這邊，一時間激動不已，竟然讓忍了許久的眼淚掉了下來，而且越哭越傷心。

他的媽媽又問：「老師只罵你嗎？還是有別的同學也被罵了？」

「亨利也被罵了。」

「這樣啊，亨利向來是個很懂事的孩子，他一定也忍不住氣哭了吧？」

「沒有，亨利沒有哭，喬依絲哭了。」

「怎麼會這樣？喬依絲也挨罵了啊？」

「不是。今天下午我抓到一隻好大的七星瓢蟲，本來想放在書包裡，結果亨利拿去偷偷放在喬依絲的口袋裡，上課的時候，瓢蟲爬了出來，喬依絲就在教室裡大哭大叫起來。」

瑞格爾的媽媽故意說：「我看老師是罵錯亨利了，一隻七星瓢蟲有什麼了不起？喬依絲會不會是故意哭叫的？」

瑞格爾連忙說：「不是啦，喬依絲本來就特別怕小蟲，我跟亨利說別放在她口袋，但是他不聽。」

「哦？那你想放在哪裡？」

「我要放在班克羅的書包裡，他不會那麼怕，就不會那樣叫了。」

「這樣啊，你抓到蟲就是爲了想捉弄同學嗎？」

「只是想開個玩笑嘛，誰知道亨利會讓喬依絲嚇得哭叫起來。」

「我想，要是你們不在這個老師的課上玩，大概就不會被罵了。」

「嗯……要是數學老師的課，恐怕會被揪著耳朵罵，那更慘。」

「這樣說起來，你們就是看準『巫婆』老師不會對你們怎麼樣，所以才放心大膽的玩囉？」

瑞格爾支吾地說不出話來，最後只能不好意思地低下頭來。

潛能專家戴爾·卡內基說過這樣一段話，他說：「首先稱讚對方的優點，然後再慢慢道出他的缺點，如此效果會來得好一些。把這個方法用到公司、工廠或家庭，都能收到效果。不管是對妻子、對小孩、對雙親，甚至對全世界的人，都是讓人聽得進去的。」

顯然，瑞格爾的媽媽便是善用此招的箇中高手。

她先以同理的態度，站在瑞格爾這邊，完全附和瑞格爾的話，讓他自己將事情的本末原原本本地道出，而後再從他的證詞之中，找出問題的癥結點。其中最高明之處，莫過於她從頭到尾沒有一句重話，而是利用引導的辦法，讓瑞格爾自行體會出事情的是非對錯。

在孩子的心裡面，其實自有一種道德判斷規準存在，他們知道什麼是對、什麼是錯。如果成人過於高壓強勢，執意要他們順從，有的時候，小孩子的反抗心會因此被燃起，自然容易造成親子間的衝突。

成人在處理兒童問題時，最忌諱以成人的霸權心態施壓，不聽孩子說話。千萬別急著罵孩子，而是多引導他們自己思考是非對錯，如此才能眞正讓正確價值觀念在他們心中成形。

眞正的愛情，沒有固定形式

真正的愛情沒有固定的形式，兩顆心能夠不斷貼近，兩兩相依才是最核心的價值。

常有人說：「有愛的婚姻才是眞幸福。」

婚姻是種形式，任何人只要彼此簽下結婚證書，舉行婚禮儀式，便是世人認同的夫妻。但是愛情不同。愛要如何觀察？又要如何鑑定？婚姻裡的愛情，又是什麼模樣？

有一首歌這麼唱：「也許你覺得卿卿我我，才能表示情深意濃，所以你說我忽冷忽熱、難以捉摸；兩情若已是天長地久，何必在乎朝朝暮暮？問你是不是真心真意與我同行，且共度白首。」

有些愛情，是無須刻意去說的。

費爾德有一次提起自己的父母時，這麼說：「小時候，我覺得自己的爸媽和別人家的父母都不一樣，他們彼此之間從來沒有什麼親暱的話語，也沒看見他們相互親吻，我總不免猜想他們是不是感情不好。要是有一天他們倆離婚的話，我該怎麼辦？」

說到這裡，費爾德話鋒一轉：「可是，十歲那一年的夏天，讓我改變了原本的想法。那一天，突然打雷下起大雨，雨水下到把河堤都沖垮了，整個村莊立刻變成水鄉澤國。我很快就被抱到閣樓上躲好，那時停電了，四周黑洞洞的，我又冷又怕，於是攀上窗沿，想要看看爸爸媽媽在哪裡。一陣閃電劈了下來，照亮了院子，我看見爸爸媽媽站在洪水浸漫的院子裡，媽媽一手抓著爸爸的衣服，一手抱著一窩從倒塌的雞棚裡救出來的小雞；而爸爸則一手摟著媽媽的肩膀，一手抓著一隻剛生下來的小羊。」

費爾德將目光放遠，遙想似地說：「那個畫面我永生難忘，我覺得，那是我看過最親愛的一對夫妻了。他們彼此依附著彼此，在風雨之中相互依賴、相互支持，告訴這個世界，沒有什麼事能夠將他們分開。」

有些人日復一日地想要追尋自己的眞愛，同時爲自己的愛情設下高度的標準，認爲眞正的愛情應該如何纏綿悱惻，又如何可歌可泣。可是，那些電視劇裡的愛情故事就是愛情的所有樣貌了嗎？那些來自於其他人的浪漫史和際遇經驗，就是理所當然的愛情模樣嗎？

所有的男孩都該在雨中癡心等待女孩開窗？所有的女孩都該在男孩渾身汗臭時遞上手帕毛巾？所有男孩女孩都應該到世界中心去呼喊愛情？

不論現今有過的愛情故事有多少種面貌，你的愛情都可以是全新的另一種。

正如同故事裡的父母，他們的言行沒有一般親密夫妻該有的舉動，但是，他們把全副的心思都放在對方身上，將對方視為自己一生中最重要的存在，事實上，這就是一種極致深刻的愛情表現了。

你的情人不會談情說愛嗎？你的戀人總是不解風情嗎？如果有一天，你的愛人變成了傳說中的戀愛達人，就什麼問題都沒有了嗎？

眞正的愛情沒有固定的形式，兩顆心能夠不斷貼近，兩兩相依才是最核心的價值。別再流於形式主義了，這輩子，我們要致力追求的是「愛」，而不是「愛情的樣子」。

英國詩人伯朗寧曾寫道：「把愛拿走，我們的地球就變成一座墳墓了。」或許我們眞正該在乎的，不是別人該如何來愛自己，而是自己可以如何去愛人。

處罰的目的在於警惕

透過專業教育，人可以成為一部有用的機器，但不能和諧發展。使學生對價值有所理解並產生熱烈的感情，那是最基本的。

處罰的目的不是爲了折磨孩子，而是讓他有所警惕。讓孩子知道錯在哪裡，比一再強調不對來得更重要。

與其一味批判他們的不懂事，怒氣沖沖斥責他們不成材，不如實際教導他們哪一條才是正確的道路。

把每一種未來攤在眼前，供他們去自我選擇，如此孩子才能走得心甘情願，也才能從追尋未來的旅途中，獲得自己需求且樂於擁有的寶藏。

派翠西．沙利文來到農場邊緣的一幢舊農舍查看，發現一塊窗子的玻璃被打破了。推開農舍前門一看，才知道兒子的一輛自行車也被人偷走了。雖然兒子早已結婚離家，但是損失就是損失，於是派翠西便向當地警察局報了案。

第二天，警官來電說抓到犯人了，請派翠西到警局一趟，協助調查。

來到警局，派翠西一時間愣得說不出話來。因爲「犯人」是兩個看起來不過小學生年紀的男孩，他們顯然也被自己眼前的景況嚇到了。兩個人頭髮蓬亂，衣衫也沾滿了污漬，瞪著一雙大眼，看在派翠西眼裡，實在覺得他們像是飽受驚嚇的小松鼠。

派翠西很快就做了決定，她對警察說：「我可不可以要求他們兩個替我工作一個春天，用以抵扣他們該賠償我的損失？」

警官瞇眼望著派翠西，彷彿她是個腦袋不清楚的老女人，他要派翠西再考慮，因爲這兩個少年可是街上的麻煩人物，就連他們的家人都拿他們沒辦法。但是派翠西對於自己的決定非常堅持，最後在法官的裁定之下，兩名少年必須爲派翠西工作三個月，期間每個星期都會有社工人員前去負責評核檢查。

就這樣，社工員帶著兩個小男孩跟著派翠西回到她家，告訴他們每天早上七點半到她家來報到，就從隔天開始。

第二天一早，派翠西就被門鈴聲吵醒，開門一看，兩個上衣單薄的男孩站在門前，被冷風吹得發抖。派翠西立刻把他們帶到溫暖的廚房，用吐司、雞蛋、牛奶餵飽兩個男孩，吃飽以後才一起到花園裡工作。

派翠西讓孩子們幫忙鬆土，然後再把植物的種子放進鬆好的土堆裡。男孩們認命地戳著土鏟，一點一點把凍了一整個冬天的泥土挖鬆。挖土的工作雖然簡單，但也耗費力氣，不過兩個男孩倒是沒有怎麼抱怨。工作了一上午，派翠西對於自己的決定感到滿意，她從兩個孩子的談話中，發現他們都是低收入家庭的孩子，其中一個的父母離異，另一個則是父親早逝。

派翠西認爲他們只是缺乏教養，本性並不壞，而她願意伸手幫點小忙。

但是，她第二天就感到些許後悔，因爲兩個男孩來到她家門口，拿了一條蛇打算送她，差點把她嚇個半死。幸好，她很快就恢復鎮定，表情凝重地告訴兩個男孩，三分鐘內把蛇拿到花園裡放掉，否則他們以後就只剩下工作的份，別想有任何好吃好喝的。

派翠西的反應沒達到男孩們預期的效果，讓他們覺得有點無聊，再加上派翠西做的早餐好吃得不得了，所以他們立刻決定乖乖地照做。

男孩們跟著派翠西在花園裡、菜田裡工作了一整個春天，無形之中也學到不少以前未曾留意過的知識，不知不覺地越學越起勁，還反過來經常纏著派翠西問東問西。

三個月時間很快過去了，社工人員很訝異兩個男孩的改變。「刑期」結束之後，兩個男孩還是經常來拜訪派翠西，不時幫著她在田裡幹點活，一窩就是大半天時間，偶爾也會特地來現一現進步神速的成績單。

派翠西很高興自己的努力有了成果，更開心看到兩個男孩日漸成熟，一點一點地發現自身的才能，也找到自己樂於投注時間的領域。那種感覺，就好像一顆原本不起眼的小球根，經過陽光、泥土、清水的培育後，終於能發芽茁壯、開出豔麗的花朵。

有一句話說：「給孩子釣竿，教孩子釣魚，而不要光是給他們魚吃。」這說得確實正確。大人不可能永遠將孩子保護在懷裡，剝奪了孩子學習的機會，日後將令孩變成好逸惡勞的年輕人，以及無所事事的中老年人。

科學家愛因斯坦說：「用專業知識教育人還不夠。透過專業教育，人可以成為一部有用的機器，但不能和諧發展。使學生對價值有所理解並產生熱烈的感情，那是最基本的。」

教育的目的，不只是為了培育出具有專業技能的人，更要孕育一個眞正的社會人，能夠爲社會服務，同時融入社會。若每一個人都能安居於自己的定位，找到人生的方向，整個社會就不會產生偏斜了。

成長，來自肩負責任的力量

在人生中，痛苦是迫切需要的，因為只有在憂愁的烈焰中，一個人才能認識自己內在的自我。這個自我是永恆的。

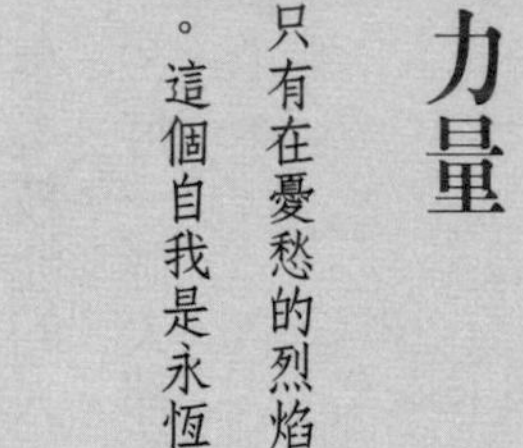

每個孩子都得學會長大，而幫助每個孩子眞正成熟的關鍵，就是讓他們開始學會負起一些責任。

當他們的肩上有責任、義務必須完成的時候，我們將會發現，他們擁有著超乎想像的潛力。

有一天晚上，愛迪剛回到宿舍就接到母親出車禍的消息，她立刻馬不停蹄地趕到醫院去。到了醫院，她的奶奶正在手術房外面等著，看到愛迪，連忙走過來抱住她，兩個人哭得聲淚俱下。

一段時間之後，手術結束，護士來告訴她們，病患正在恢復室休息，等一下會直接轉到加護病房，然後她們就可以進去探望她。

奶奶對愛迪說，不管在什麼樣的情況下，都不要在媽媽面前哭，否則媽媽一定會感到很驚慌。愛迪點點頭，她心裡雖然明白奶奶說的是對的，但是自己的眼淚卻怎麼也止不了。

終於，護士出來說可以探視病人了。奶奶和愛迪一起走進病房裡，看見躺在白色病床上的媽媽。

愛迪覺得自己的胃在翻攪著，因爲眼前的媽媽看起來很可怕，頭上、腰上、腿上都是繃帶，隱約露出來的肌膚、臉頰都腫脹得驚人，喉嚨裡插著管子，手上也吊著點滴，全身上下幾乎無一處完好。

愛迪走到床邊，把手放在媽媽沒有插針管的手上，輕輕開口喊了一聲：「媽媽。」媽媽勉力掙開腫脹的眼，直直地看著她，眼神很激動。

愛迪覺得眼淚已經快在眼眶裡打轉了。媽媽的手有氣無力地拍著床，愛迪知道媽媽想要對她說些什麼，卻沒有辦法說出來。

她連忙對媽媽說：「媽，沒事了，一切都沒事了，我會在這裡陪妳。」她不斷地輕聲說話，好不容易才把媽媽安撫下來。

這時候，護士過來表示探視的時間到了，家屬必須先暫時離開，以免妨礙治療和病人休息。愛迪感覺到媽媽的手抓住了自己的一根手指，她知道媽媽不希望她離開，於是只好說：「媽，妳放心，我沒走遠，我就在房門外，等一下可以再進來的時候，我會第一個進來。」

一離開病房，愛迪便抑止不住，無聲地哭了出來。她的心好痛，她知道媽媽正承受著多大的痛苦，更害怕獨自一個人待在一個全然陌生的環境裡。但愛迪也知道，現在她是媽媽唯一的支柱，所以她得表現得堅強，不能哭哭啼啼，更不能垮掉。

奶奶摟了摟愛迪的肩說：「好愛迪，乖孩子，妳做得很好。」

車禍事件後，愛迪的人生有了改變。她不再只是個天眞無知、什麼都不用理會的小孩。她必須要負責照顧身體尙待恢復的媽媽，也必須要陪媽媽做肢體復健。剛開始的時候，除了餵媽媽吃飯、還要協助媽媽洗澡、上廁所，所有家事都要由她一手包辦。雖然奶奶有時也會過來幫忙，但是大部分的事情還是要由愛迪一個人負責。

以前的愛迪，會爲了學校一點摩擦或雞毛蒜皮的小事而覺得怒氣沖沖；現在的愛迪已經沒有時間去計較那些，她只希望媽媽能夠早點恢復健康。

以前的愛迪動不動就會擺出一張臭臉，不想理人；但是現在的愛迪天天都要自己露出快樂的笑臉，因爲她知道，只要自己笑得夠開心，就能讓媽媽的心情更好一點。

就好像故事裡的愛迪，原本是個茶來伸手、飯來張口，飽受疼愛的孩子，什麼事都不用做的她，學不會眞正的體貼與關懷，只知道她可以不斷地要求。

但是，當她發現自己得要負擔起照顧媽媽的責任時，她便表現出了性格中最堅強的一面。

印度諾貝爾文學獎得主羅賓拉納特．泰戈爾如此說道：「在人生中，痛苦是迫切需要的，因為只有在憂愁的烈焰中，一個人才能認識自己內在的自我。這個自我是永恆的。」

每一個孩子都有自己的成長路要走，成人過度地保護或是過度的忽略，都等於是剝奪孩子學習成長的自由。給孩子們更多對自我負責的機會，這些經驗，將會幫助他們形塑未來。

Part 6 人生只有選擇，沒有準則

別人的眼是看不到你的感受的，
每個人的想法都不盡相同，
什麼是對、什麼是錯，也沒有一定的準則。

改變心情，就能改變事情

越是歷經威脅和壓迫，越是顯現出寬容的可貴，以德報怨更表露出人性中的美德。

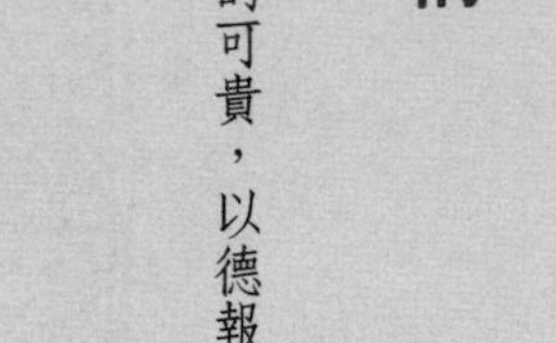

印埃斯曾說：「事情的成敗，是由心境造就出來的，在不同的心境之下，有人功成名就，有人卻一敗塗地。」

當你在處理事情的時候，必須先處理自己的心情，因爲，只要你能在處理事情之前，稍微改變一下你面對事情的心情，或許你就會發現，原本讓你棘手的事情，頓時變得簡單和容易。

個性衝動的人總是缺乏耐性，事情還未摸透就急著大發脾氣，有時候就這麼

把自己攪進紛爭之中，無事惹來一身腥，而且還特別容易壞事。孔子罵子路「暴虎馮河」，就是警惕他小心，別一時衝動壞事。

反過來，一個懂得克制情緒的人，遇事能夠及時冷靜，想辦法找出對自己有利的路，更懂得等待時機，適時出擊，以確保自己能順利成事。

拿破崙時代，曾有一位孤兒院院長，爲了幫孤兒們籌措教育基金，經常四處拜訪，向人募款。

一天，他來到鎮上的一家酒店，當時店裡正好有三個人聚在一起玩牌。他走了過去，誠懇地拜託他們爲慈善工作捐獻一點錢，可是這三個人非但沒有捐獻，反而哈哈大笑要他走開。

其中一個因爲剛巧輸錢，認爲孤兒院院長給他帶來壞運而大聲咒罵，更過分地朝院長的臉上吐了一口口水。

這名賭徒的舉動顯然太過分了，一時間，在場的人都安靜了下來，看孤兒院院長要如何反應。

只見他拿出了口袋裡的手帕，靜靜地擦掉他臉頰上的口水，語調不帶一絲怒氣，平靜地說：「既然該我的我已經拿到了，那麼我的孤兒們又能得到些什麼呢？先生。」

那名出口傷人又吐口水羞辱人的賭徒，這下子自取其辱，被院長的話堵得一句話也說不出來，只好又驚又愧地，將身上所有的現款全交給了院長。

讓我們把這件事情重新整理一下，如果那名賭徒終究得把身上所有的錢都交給院長，那麼在一開始募款時就爽快地拿錢出來，豈不是既得美名，又獲感激？但是，他卻因爲輸錢衝動地出口傷人，惡劣過了頭，反而讓自己失了立場，成了眾矢之的。

反觀那位孤兒院院長，他深切地明瞭自己的目的和責任，所以即便遭受了無理對待，仍不讓理智爲衝動所駕馭。誰勝誰負，不言而喻。

印度作家普列姆．昌德在《舞台》一書中曾經如此說：「寬容是在荊棘叢中長出來的穀粒。」

越是歷經威脅和壓迫，越是顯現出寬容的可貴，以德報怨更表露出人性中的美德；寬容為緊張的局勢緩下危機，也為未來創造生機。

學習寬容和冷靜，可以減少我們的人生旅途中許多無謂的阻礙與困難，就好像河道中雖然有落石阻路，但潺潺水流終將以柔軟的身段突破障礙，順勢而下，流向自己的目的地。

名作家羅蘭女士曾經寫道：「處理事情的一個法則，應該是用美好的心情來主導事情的方向。」

因為，即使在山窮水盡的時候，只要我們肯改變一下心情，或許就能讓自己所面臨的絕境露出柳暗花明的曙光。

惺惺作態是一種無言的傷害

面對弱者，我們可以關心卻無須可憐，可以默默伸出援手而不是當眾施恩，可以同情卻不用惺惺作態。

奧地利學者褚威格在《同情的罪》一書裡這麼說過：「一個人的同情要善加控制，否則比冷淡無情更有害得多。」

這話聽起來令人驚心，但是仔細想想，其實不無道理。

我們以爲自己在施捨，在憐憫，是在做好事，我們滿足的可能只是虛榮心，把別人的尊嚴踩在腳下，即使無心，也是殘忍的。

曾有一個救助團，來到一座山村裡提供協助，帶來了不少物資和人力，希望能夠爲這座小山村盡一份心力。

他們聽說了山村裡最窮一戶人家的際遇，立刻決定要前往探視。那戶人家裡，父子兩人相依爲命，父親下半身截肢，終日只能坐臥在床，而兒子的精神不夠穩定，只能幫村民打打零工，貼補生活。

救助團的團長向村長詢問村子裡每個月會提供這戶人家多少金錢援助，但村長一臉訝異地回答：「他們不需要救助。」

團長聽了很吃驚，忍不住說：「那他們靠什麼來生活呢？」

村長說：「那個做兒子的爲村裡的人放牛，雖然精神不是很穩定，但是工作卻從沒有出過什麼大錯，而做父親的則幫人修理農具，做斗笠、織簑衣，維持兩人的基本生活還過得去。」

他們一同來到那戶人家的門前，那幾乎稱不上是一幢屋子，頂多只能算是一個牛棚，瞧那屋子中央只用一道齊腰的土牆隔開，左邊躺著一頭牛，右邊就是父子倆的睡床。

此時，那位鬚髮斑白的老父親，正坐在床上，臀部以下什麼都沒有，手上修補著一件簑衣。

團長忍不住拿出了一張百元紙鈔遞給他，但那名男子非但未接，手裡的動作也沒停過，只是平靜地問：「你要買什麼？斗笠？還是簑衣？」

團長說：「我沒要買什麼，這錢是要給你的。」

想不到，那名男子聽了這番話，惱怒了起來，大吼：「什麼也不買，那你給我錢幹什麼？不買東西就給我滾出去，我不需要你的錢！」說完，他又繼續低頭做活兒。

弱者，總是引起別人同情，但並不表示每一個弱勢的人都要心甘情願地接受別人的施捨。像故事裡的父子，他們的際遇確實令人同情，但是救助團團長的作爲，卻是將他們的自尊踩在腳底，也難怪會被趕出去。他的出發點絕對是好的，但是做法卻不夠謹慎，甚至有些傷人，難怪會引來反擊。

美國學者肯尼斯·古地說：「如果能從別人的角度多想想，就不難找到妥善處理問題的方法，因為你和別人有了溝通，有了彼此理解的基礎。」

我們當然很慶幸自己能夠比別人幸福，卻不需要在別人面前以同情憐憫的姿態來滿足於自己的虛榮，利用施捨來證明自己的幸福或高人一等，這樣的心態非常要不得。

面對弱者，我們可以關心卻無須可憐，可以默默伸出援手而不是當眾施恩，可以同情卻不用惺惺作態。爲善，不是要沽名釣譽，而是發自內心的行動，尊重對方的想法，顧全對方的自尊心，才是眞正在幫助別人。

人生只有選擇，沒有準則

別人的眼是看不到你的感受的，每個人的想法都不盡相同，什麼是對、什麼是錯，也沒有一定的準則。

一直都認爲，每一個人來到這個世界上，都會有自己的定位和自己的發展，只要能在對的時機到達對的地方。

有一位曾經轟動一時的女明星，毅然決然地洗盡鉛華，投入琉璃的世界，數十年來無怨無悔。她在金錢與名利上的獲得，不見得能夠超越她身爲藝人的時代，但是，在那個她自己選擇的世界裡，她從創作中得到了快樂、自我價值和心靈的滿足。

在衆人的錯愕聲和批判聲中，她仍勇敢前行，在衆人的掌聲與喝采之中，她仍一如以往。令人敬佩的，不只是她爲了理想和目標的堅持和努力，還有她爲自己找尋生命意義與價値時的信念與勇氣。

在美國佛羅里達州雷斯伊翰灣有一座燈塔，負責照顧燈塔的人，在那座偏僻的孤島上已經獨自生活了將近四十年。

他還是二十歲的年輕小伙子時，就隨著伯父一同來到這座海灣上的小島嶼。他的伯父是一名漁夫，兩個人白天一同捕魚，到了晚上就在島上點起燈火，從此，在遼闊的大西洋海岸，便多了一座明亮的燈塔。

由於他們兩人的堅持，在狂風暴雨的黑夜，在颶風狂肆的時節，不知拯救過多少受難的漁船。而那些獲救的人，偶爾路過孤島也都特意爲他們準備一些生活物資作爲酬謝，但是每次都被這對伯姪倆拒絕了，他們只接受了一部發電機，從此島上的燈塔也不再使用篝火了。

就這樣，伯姪倆在雷斯伊翰灣度過了二十年寒暑，後來，他的伯父去世，剩下他一個人，仍舊白天捕魚，晚上守著燈塔。

那年十月，雷斯伊翰灣氣候格外異常，他整夜幾乎都醒著。他知道，每年的海灘事故頻繁季節已經來臨，他的小屋外已是驚濤駭浪，他一遍遍檢查，給風力發電機的軸承加潤滑油。

此時的小島像是要搖動起來，他從小屋裡走出，像伯父一樣敏銳地眺望大海，海面上黑壓壓一片，浪頭拍打著礁石，發出一聲聲巨響。突然，他發現遠處的海面上有一點亮光，只有螢火蟲的光亮那麼大。他立刻迅速爬上燈塔，將燈塔裡的燈又墊高了許多，並在廢棄了的火坑裡重燃起了篝火。遠處的亮點越來越大，漸漸靠近了他居住的孤島，那是一艘瑞典籍的貨輪。

天亮了，船長帶領船員打算爲島上的工作人員送去幾噸食品，可是當船長走進島上他的屋子，才發現屋子還抵不上船上的一個集裝箱大。

「我要帶你離開這兒！」船長激動地對他說。

「我至少能給你每個月三千美元的薪水。」船長又說。

「十年前，一位像你一樣的船長曾答應給我每個月四千美元的薪水。」守塔人平靜地說。

他的堅持，感動了船長，當臨別的時刻來到，船長站在船尾，望著漸行漸模糊的燈塔，心中的感觸分外鮮明。

我們可能很難理解那名守塔人的堅持，但是他卻如此清楚地表示——這就是我想要的生活與存在的價值。

一個人能夠順隨自己的心意去過生活，是一種幸福，也是一種勇氣，因爲別人的眼是看不到你的感受的，正所謂「如人飲水，冷暖自知」，每個人的想法都不盡相同，什麼是對、什麼是錯，也沒有一定的準則。

選擇自己的人生，設定自我的價值，也許剛開始會有雜音亂耳，但只要你能堅持，堅守自己的心意和原則，沒有什麼阻礙得了你，最後，你的努力和堅持，終會明明白白地呈現在衆人眼前。

孝順不在一時，而在日常用心

敬愛父母，不單單是使他們生活無虞，也不單單讓他們含飴弄孫，最重要的是將父母親放在心上，掛在嘴上。

母親節或父親節來時，媒體總不停地提醒我們別忘了這些日子，更別忘了購買各種昂貴的禮物孝敬父母，以示自己的孝心。

至於我們，也總是在卡片上寫著「母親節快樂」、「父親節快樂」，彷彿父母只需要記得在這兩天快樂就好。其實，與其孝順在此一時，倒不如學會在日常多多用心。

一位朋友每次打電話回家的時候，總會撥兩次號碼，第一次撥通之後，鈴響過三聲就掛斷，而後再撥第二遍，才等著和父母通話。

有人便問：「是因爲撥第一次的時候佔線嗎？」

朋友回答：「不是。」

「那是你沒想好要說些什麼嗎？」又有人問。

「也不是。」

這下大家可好奇了，紛紛問道：「那爲什麼要打兩次電話？」

他聽了，笑了笑說：「唉，你們不知道，我爸爸媽媽都是急性子的人，只要聽見鈴響，不管在哪裡，就是會跑著去接，深怕沒接到。有一次，媽媽爲了接電話還讓桌腿把小腳趾碰了一下，腫了很久。從那時起，我就和他們約定，接電話不准跑，我會先撥一遍，給他們預備的時間。」

我認爲，這才是眞正的孝心，也認爲比起佳節送禮，他的父母更能體會他的用心，也會更加感到欣慰。

敬愛父母，不單單是使他們生活無虞，也不單單讓他們含飴弄孫，最重要的是將父母親放在心上，掛在嘴上，才是眞正的孝順。

有些人認爲父母只要有舒適的環境，有朋友交往，有醫療設施就足夠了，可是，他們忘了，親情是支持一位老人生活下去的重要元素。人老了不是罪過，不應該遭受到冷落，畢竟，每個人都會老的。

如果，我們只在父親節、母親節送份禮，就不要以孝順的名義來加以美化，因爲金錢不是孝順，禮物不是孝順，眞心才是。

欠缺抗壓能力，就無法面對打擊

每個人都希望一生順遂，但是沒有一絲阻礙的人生，不見得是一件好事。

有一句話這麼說：「善泳者易溺」。爲什麼會出現這種現象？癥結就在於對自己太過自信，對環境太過輕忽。

老天爺安排了各式各樣的考驗，不讓每個人的人生過得太平穩，生命中總有不幸與不順遂等待著我們，等待我們去跨越，去克服。

當我們越過一個又一個險灘，我們學會了留心和謹慎，而後再經歷險灘，也能如走坦途一般順利了。

有一對夫妻老來得子，對於這個孩子也就特別寵愛有加，不料竟把他寵成了一個小霸王。

小孩子不只做事毛毛躁躁，脾氣更是固執，整天蹦蹦跳跳，連路都走不好，每天不是弄濕了鞋子，就是弄髒了褲子，動不動就號啕大哭，哭得驚天動地。做母親的拿他沒辦法，除了整天跟在他身後洗洗擦擦，只能搖頭嘆息。

小孩子長到了七歲，也該是上學的年紀了，毛躁的脾性還是一點長進也沒有，走路上學竟然天天都在田埂裡滑跤，全身弄得髒兮兮的，到了學校就挨罵，一回到家就嚷著不肯上學了。

一天清早，孩子的父親拿了一把鐵鍬，在兒子每天上學必經的田埂上面斷斷續續地挖了十幾道缺口，然後用棍棒搭成一座小橋，只有小心走上去才能通過。那天上學，兒子走在田埂上，看見面前一下子多出了這麼多的小橋，很是詫異，不知該走過去，還是停下來哭泣。

四顧無人，看來哭也不能解決問題，最終他選擇走了過去。背著書包的他搖搖晃晃地通過小橋時，驚出一身冷汗，但竟連一次也沒有哭。

回到家，吃飯的時候，兒子跟爸爸講了今天走過一座座小橋的經歷，臉上滿是神氣，做父親的則坐在一旁誇讚他真勇敢。從此以後，他上學的路上再也沒有出現過麻煩。

後來，丈夫才對妻子解釋道：「平坦的道上，他左顧右盼，當然走不好路；坎坷的路途，他的雙眼必須緊盯著路，因而走得平穩。」

有一句話說得極好：「過多的陽光會造成沙漠。」每個人都希望一生順遂，但是沒有一絲阻礙的人生，不見得是一件好事。

在孩子的成長和學習道路上安排一些阻礙，鼓勵他們勇敢去跨越，對於孩子信心的磨練有極大的功效。

一味地給他順境，什麼事都不經努力就能獲得，無形中也減低了他們抗壓的能力，未來一旦遭遇到挫折，就心慌意亂，熬不住失敗的打擊，對他們來說反而有害處。

困難和阻礙，是成功的踏腳石，成熟的人能學會善用這兩者來激勵自己，因爲「時勢造英雄，英雄造時勢」，能夠在危機與艱困之中脫穎而出的人，才是優秀的人才。

淡淡的幸福，分外有味

幸福就像空氣一般，環繞在你我周圍，只是我們尚未察覺。放棄好高騖遠的心，我們就能看見周遭那一點一點淡淡的幸福。

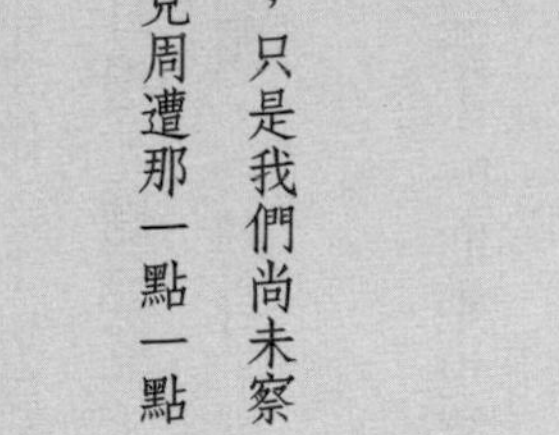

你說不出來，什麼樣的相處模式才叫做幸福；你一直不明白，什麼樣愛的濃度，才能叫做眞愛。

於是，你尋尋覓覓，嚐盡了種種滋味，過盡了千帆才終於知道，原來，淡淡的幸福，品嚐起來縱然沒有大鹹大甜，卻分外有餘味。

有一位女記者工作之餘和朋友共餐時忍不住抱怨：「我老公從來不愛和我多聊什麼，就是喜歡有事沒事摸摸我的頭。」

她的朋友聽了她的牢騷，倒是調侃她：「他喜歡摸妳的頭，那不就表示他對妳的疼愛嗎？」

她從來沒這麼想過，聽朋友這麼一說，心裡倒是有了些不一樣的想法。

她是一位職業婦女，白天要應付龐大繁雜的工作量，回到家一樣逃不了柴米油鹽，還得照顧小孩的功課，每天非得忙到半夜才有得喘息。

她總是埋怨老公不夠體貼，又怕人閒話她沒料理好家事，生活的壓力一點一滴壓得她喘不過氣來。

可是，朋友這麼一說，令她回想起，平常她一下班就悶頭鑽進廚房裡，油鍋、湯鍋鏜鏜作響，老公、兒子開門進屋，耳邊才聽見兒子大叫：「媽，我們回來了！」就感覺到有一隻大手輕輕撫上她的頭，一轉身，就看見老公帶著笑臉望向自己。

他老是輕輕地說了聲：「辛苦了，老婆！」而她也總是在那一刻覺得自己能爲他們洗手作羹湯是一件很幸福的事。

吃完飯之後，兒子幫忙收拾餐桌，老公幫忙洗碗、倒垃圾，一家人分工合作倒也氣氛愉快。

偶爾她把工作帶回家，焦頭爛額的時候，老公也會溫柔地按摩她的頸子。他總是不說什麼話，但是那揉在頸上的沉穩力道，卻像是鼓勵和心疼的撫觸，輕輕地鼓舞著她。

是的，這應該就是幸福，一家人趁著假日外出郊遊、散步踏青，沒有什麼昂貴富華的娛樂，心卻非常靠近。

你可以爲自己的幸福設定標準模式，卻不見得照著藍圖打造就能得到幸福，因爲每一種幸福模式都不是放諸四海皆準的；幸福是在每個人的心裡，一點一滴凝聚而來的。

富蘭克林在他的自傳裡這麼寫道：「與其說人的幸福來自偶然碰上的鴻運，

不如說它來自日常生活中的微利。」

茫茫然地四處尋求幸福，是徒勞無功的，因爲幸福就像空氣一般，環繞在你我周圍，只是我們尚未察覺。

就像那個「黃金窗子」的故事，一路朝向那座陽光下擁有黃金窗子的房屋走去，好不容易到達目的地，卻發現那不過是普通的玻璃窗而已。回過頭一看，自己的家園正在夕陽之下閃閃發亮。

放棄好高騖遠的心，我們就能看見周遭那一點一點淡淡的幸福。

苦難，是淬鍊鋼鐵的水

跨越了苦痛所帶來的考驗，戰勝了苦難，苦難就是一筆值得你我驕傲的人生財富。

俄國作家契訶夫曾經寫道：「困難和折磨對於人來說，是一把打向壞料的錘，打掉的應該是脆弱的鐵屑，鍛成的將是鋒利的鋼刀。」

確實如此，困難能孕育旺盛的精神力量，克服困難就是獲得勝利的重要契機。如果我們能換個心情面對眼前的棘手事情，就不難明瞭，唯有最艱困的環境才能淬礪出最非凡的人物。

你知道鑄劍的方法嗎？先把鐵塊放進火爐裡燒紅，然後以大鎚加以鎚打，再放入火中鍛燒，而後將火紅的鐵，一瞬間浸入清水之中急速降溫，再燒，再以大鎚打……不斷重複動作，便可把鐵淬鍊成鋼，打造出一把鋒利堅韌的劍。

人生也一樣，想要成器，未經苦難鍛鍊，恐怕難見鋒芒。

那是一個名流宴會，在場的人都是人人稱羨的成功人士。本來大家風花雪月、天南地北地閒聊，突然有一位男士說起了自己過往的經歷。

原來，他本是農家子弟，由於父親早逝，靠著寡母拉拔他長大成人。高中三年，他住在學校，始終只有一件藍色卡其外套，由於沒有衣服可供換洗，所以一到了週末回家，母親就趕緊幫他洗乾淨，然後起爐火烘乾，好讓他第二天再穿回學校。

三年下來，藍色洗成了白色，肩膀、手肘全都有了補丁。他自我解嘲地說：「幸好，那時吃飯老吃不飽，所以個子長不高，一件衣服穿了三年還算合身。」

在場有許多位朋友和他交往十多年了，聽見他這番話都感到很驚訝，大家都是第一次聽見他提起曾經經歷過的苦處，而今看他如此事業有成，更是佩服他一路努力過來的堅毅勇氣。

有個朋友問：「怎麼之前都沒聽你說過？」

他喝了口酒說：「有什麼好說的？受苦中的人是沒有權利訴苦的。」

每個人都有受苦的時候，苦難也是人生中的一種磨練，經由這一段磨練，我們會成長，也會有所獲得。

然而，訴苦卻是沒有意義的。故事中的主角之所以願意將過往的經歷說出和與朋友分享，是因爲他已經跨越了那一段苦痛所帶來的考驗。

戰勝了苦難，苦難就是一筆值得你我驕傲的人生財富。因爲在此時，無論你怎麼說，怎麼描述都不會感到自卑，反而還有一種豪氣在身；而別人聽見你說的苦難，非但不覺你在訴苦求助，反而敬重你的毅力。當他說出「受苦中的人沒有權利訴苦」，我們也了解到，唯有磨練才能眞正證明一個人的價值。

在常態之中找尋特別的方法

思考與創造的能力，是致勝的關鍵，能夠突破窠臼的束縛，就能夠避開傳統的錯誤，開創新局。

成功其實是有訣竅的，重點在於發現快速有效的方法，就像英國詩人布萊克說的：「打破常規的道路，指向智慧之宮。」

反其道而行，不按牌理出牌，往往能夠收得出奇制勝之效。

有一個日本節目，安排了一項「三分鐘快煮」的比賽。原本耗時、步驟繁瑣的料理項目，在他們的巧思和種種工具相互運用之下，只花了三分鐘就能完成，而且味道一點不差，確實令人驚異。

在既定的程序中，尋找替代、簡化的方法，就可以減少原訂的步驟，無形中也增加了效率。時間就是金錢，也是成功的本錢，只要能「快速又有效率」，便可以奠定成功的基礎。

日本有一座以盛產板栗聞名的山村，一到深秋，滿山遍野的板栗就垂掛枝頭，今年秋天眼看又是個豐收的時節。

這個季節是這座小山村的居民一年中最為忙碌的時候，家家戶戶都動員了所有的人手採收板栗，以求能夠早一步運送到市場，賣個好價錢。

新鮮的板栗不只搶手，價格也較好，所以板栗的生意競爭頗為激烈，誰能夠戰勝時間，誰就獲得最大利益。

居民們把板栗一籮筐一籮筐地採收下來，然後集中在一起全數傾出，仔細分出等級，再重新裝袋，再駕著卡車開過那條新修好的產業道路，送到城裡的市場批售。

可是，不管大夥怎麼趕工，就是趕不上小林的速度，往往在大夥匆匆忙忙趕往市場的時候，他已經準備返回山村了。

幾年下來，情況始終如一，大家不禁好奇這傢伙到底有什麼訣竅，於是幾個年輕人找了個機會把小林押上飯館，美其名是要請客作東，實際上就是要從他嘴裡把秘訣給套出來。

酒過三巡，小林的口風也鬆了，只見他得意地呷著酒，笑瞇了眼睛，說道：「唉呀，我哪有什麼訣竅，只是我每次採完板栗，懶得再繞回產業道路，就從以前那個崎嶇的便道下山，這麼一路顛顛簸簸下來，小板栗就落到袋底，大板栗則留在上面，省了分級挑選的工夫，時間就快多啦！」

美國學者邁克爾·德魯里說：「避免這些常見的思想絆腳石，你很容易發現你應該對自己刮目相看。」

或許，故事中的小林不過是歪打正著、瞎貓碰上死耗子，但是其他人卻不曾朝這個方向去想想看，思索如何才能簡化過程、增加效率，所以始終讓小林專美於前。

思考與創造的能力，是致勝的關鍵，能夠突破窠臼的束縛，就能夠避開傳統的錯誤，開創新局。

雨果的說法頗能激勵人心：「人生下來不是為了抱著鎖鏈，而是為了展開雙翼不再爬行，我要幼蟲化成蝴蝶；我要毛蟲變成花，而且飛舞起來。」

思想跳脫了框架，結局就生動多了。

Part 7

在絕望的時候，不要忘了心懷希望

人生彌足珍貴的兩件寶物——
一件是樂觀且積極的心態，
另一項就是一股屹立不倒的信念。

在絕望的時候，不要忘了心懷希望

人生彌足珍貴的兩件寶物——一件是樂觀且積極的心態，另一項就是一股屹立不倒的信念。

丹麥童話作家安徒生曾經說過這樣一句話：「希望之橋就是從『信心』這個字開始的——是一條把我們引向無限博愛的橋。」

在作家眼中，愛與希望是人生的一切救贖。

我們一生中，總有些時候會不小心陷入黑暗之中，如果我們心中沒有一盞由愛和希望點燃的燈，便一步也移動不了，只能在黑暗中茫然摸索。

幸好，那盞燈的光與熱不會完全消失，縱使只剩下寥寥火星，只要我們添入一絲希望，那小小的火苗就會緩緩燃起，爲我們照亮方向。

有一位學者，年紀不過近四十歲，便被醫生診斷出患有白血病，這項噩耗一時間將他由光輝燦爛的榮景打入無邊無際的絕望當中。

痛苦的治療過程，沒有完全痊癒的機會，他的心底已經完全爲黑暗籠罩，每到了夜深人靜的時候，無盡的孤寂感幾乎要殺死他，自殺的念頭更是在他腦中盤旋不去。

一天傍晚，他躲過了護士的查房，一個人逃離了醫院，在人來人往的街上遊蕩。走著走著，他聽見了一陣悠揚的二胡聲，而後伴隨著的是豪邁的歌聲。嘶啞的嗓音，聽在他的耳裡，似乎勾起了心中的一股哀傷。他好奇地循聲走去，來到了天橋下。

他看見一個雙目失明的老人，手裡拉著一把破舊的二胡，對著周邊寥寥無幾的路人自彈自唱，老人自在投入演唱的模樣，深深地吸引他的目光。

最令他好奇的是老人的腰上繫著一面小小的鏡子，一曲結束，他忍不住走上前去詢問老人：「請問您身上帶著鏡子，是嗎？」

老人點點頭說：「是啊，自從我離家以來，這面鏡子就一直帶在我身上。坦白告訴你，我有兩件非常重要的寶物，一件是我這把跟了我一輩子的二胡，另一件就是這面鏡子了。」

「可是，這面鏡子對你來說一點意義也沒有啊！」雖然知道這麼說很失禮，但還是忍不住問了出口。

老人聽了果然變了臉色，神情凝重地對他說：「現在或許尚無意義，但我總希望有一天奇蹟會出現，那時我就能用這面鏡子清楚看見我自己的臉。所以，我始終將它帶在身上。」

一句話，反擊得他一句話也說不出來，一位盲人尚且不放棄重見天日的希望，反觀自己現在能做的事情其實還很多，卻一直活在絕望之中。一時間他徹悟了，也重新找到適合自己的生存方式。

他回到醫院，重新接受醫生的治療，儘管每次化療的過程幾乎都令他痛不欲生，但卻始終沒有擊垮他求生的意念，他也沒有再試圖脫逃過。

經過一段時間的治療，他的病情獲得了控制。他提起了筆，開始嘗試作詞作曲，一心要在短暫有限的生命裡完成自己未竟的夢想。

他對朋友說：「自從我與那位老人相遇之後，我也終於擁有了人生彌足珍貴的兩件寶物——一件是樂觀且積極的心態，另一項就是一股屹立不倒的信念。就當作上帝打算和我玩一趟生死遊戲，就算祂想拉我上天堂，我也要在天堂高唱一曲之後再回來。」

馬丁．路德說：「強大的勇氣及嶄新的意志，就是希望。」

故事裡的學者，在最黑暗也最絕望的時候，終於在盲眼老人激勵下，重新點燃了自己的希望，以堅強的信心，決心與上帝拔河到底，那一份堅定的意志，令人動容也令人佩服。

不幸是天才的晉身階，信徒的洗禮水，不論遭逢如何不堪的際遇，都要試著在絕望之中懷抱希望。

挪威劇作家易卜生曾在著作中勉勵我們：「不因幸運而故步自封，不因厄運而一蹶不振。真正的強者，善於從順境中找到陰影，從逆境中找到光亮，時時校正自己前進的目標。」

頭頂的陽光總會有被遮蔽的時刻，如果我們陷入了絕望，將永遠停滯在黑暗之中；只要能懷抱著希望繼續向前行，總會有重見光明的一天。

善用語言和機智，可收得最大利益

我們經常藉由語言的力量，破壞了人與人之間的和諧，讓言語成為另一種傷人的武器。

語言，是一種力量極爲強大的武器。一如其他的武器，語言也是雙面刃，可以傷人也可能傷己，使用時得特別小心。

美國作家霍桑這麼形容過語言的力量：「詞彙——當它們排列在詞典中時，顯得如此單純纖弱，但若掌握在一個懂得如何組合它們的人手中，它們行善或作惡的能力會變得何等強大啊！」

讓我們來見識一下語言究竟有多大的力量。

著名的恐怖懸疑片大師希區考克，據說有一次在蘇格蘭山區裡迷了路，不知走了多久，才在漆黑的夜色之中見到一抹亮光。他立刻加速朝向光亮處前進，總算來到一戶人家門前。

敲了敲門，等了又等，總算有人前來開門。但當他向屋主提出借宿一晚的要求時，卻立刻遭到嚴辭拒絕。

屋主大叫：「我家又不是旅店！我幹嘛要借你住？」

屋主的態度實在不佳，但餓昏了也快冷斃了的希區考克不願就此放棄，靈光一閃，故意不懷好意地笑著說：「只要我問你三個問題，就可以證明這間屋子就是一家旅店。」

屋主聽他口氣狂妄，氣不過，便對他說：「好，如果你真能說服得了我，我就讓你進門。」

第一個問題：「在你之前，是誰住在這裡？」

屋主回答：「家父。」

第二個問題：「那麼在令尊之前，又是由誰當家做主？」

屋主回答：「是我的祖父。」

最後一個問題：「假使閣下過世了，這房子會落到誰手上？」

屋主回答：「我兒子！」

希區考克面露微笑地說：「這不就結了，你瞧，你不過就是暫時在這裡住上一段時間，說穿了和我一樣是個旅客，你還說它不是旅店？」

就這樣，希區考克終於在屋子裡，舒舒服服地度過一個晚上。

希區考克一陣詭辯，就讓屋主啞口無言，不得不出借客房收留他一晚，由此可以知道語言的力量究竟有多大了吧！

英國作家赫胥黎曾使用非常嚴厲的話語來批判語言對人類的影響，他說：「語言使我們超越了畜牲的範圍；語言也使我們沉淪到惡魔的水平。」

我們學會如何使用語言，使得知識與文化得以代代流傳，得以在不同民族間交流；但是，我們也經常藉由語言，破壞了人與人之間的和諧，讓言語成爲另一種傷人的武器。

有時候，這種武器，就連最堅硬的盾甲都抵擋不住。手握如此利器的我們，必須謹慎小心地使用，才能使這種武器的正面力量得到最恰當的發揮。

成就，是無法度量的報酬

當一個人在自我的成就中獲得了滿足，在擁有的財富中找到了快樂，那麼他就是有成就的，就是富有的，而他也是幸福的。

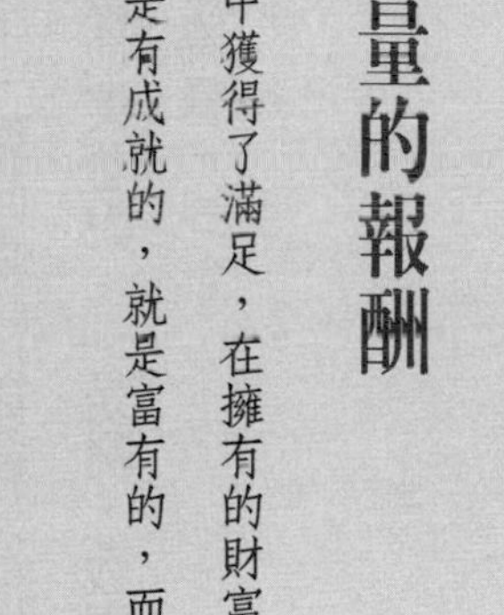

什麼樣的成就才叫做「有成就」？什麼樣的富有才稱做「眞富有」？相信這兩個問題都沒有人回答得出來吧！

因爲，成就與富有都是意指著一種狀態，而這種狀態和人的心境有關。

據說一九五三年的某一天，蘇聯政權領導人史達林在富麗堂皇的克里姆林宮裡接待了自己的老母親。

由於史達林的母親一直住在鄉下，對於自己的兒子權力大到足以統治十五個蘇維埃加盟共和國一事，沒有什麼概念。

她抓著史達林的手問他：「約瑟夫啊，你現在究竟是當了什麼官啊？」

史達林回答：「妳還記得沙皇嗎？我現在幾乎和沙皇差不多了。」

他的母親聽了，笑了笑，然後說：「這樣啊，那眞是太可惜了，我本來想讓你當個神父的。」

又據說，美國總統杜魯門順利當選之際，家鄉的鄉親們紛紛興奮地登門向他的母親祝賀。

鄉親們說：「這眞是太好了，您眞應該爲擁有這樣的孩子而感到自豪。」

但是，他的母親卻只微微地笑著說：「是啊，我還有另一個同樣值得自豪的孩子，他現在正在田裡採收馬鈴薯。」

在純樸的母親眼裡，當一個神父和當個黨的總書記沒有什麼兩樣，同樣都有出息；一個在田裡採收馬鈴薯的孩子和一個當選美國總統的孩子也沒有什麼兩樣，同樣都值得自豪。

職業無分貴賤，端看你是否謹守工作本分，在工作場域裡認真發展，只要能全心投入自己的工作，所得的報酬就是一種成就，就值得你自豪。

我們無法求出一個放諸四海皆準的度量衡，來衡量一個人的成就高低，同樣的，我們也無從找到一個定義，證明富有的程度。我們只能發現，當一個人在自我的成就中獲得了滿足，在擁有的財富中找到了快樂，那麼他就是有成就的，就是富有的，而他也是幸福的。

活在當下，珍惜現在

把握現在，盡自己的力量去發揮、去闖蕩，看看自己可以做到什麼程度，別給自己後悔的餘地。

美國哲學家弗藍克．堤利曾說：「人生就是行動、鬥爭和發展，因而不可能有什麼固定不變的目標，人生的慾望和追求絕不會停止不動。」

只不過，爲了滿足慾望而一味地追求，眞的會讓人進步、滿足？誰能保證過度的追求，獲得的不會是退步和空虛？

有人說慾望是塡不滿的黑洞，爲了追求慾望的滿足，每個人打一出生，就開始一連串不間斷的追求路程，至死方休。

擁有慾望的需求並不可恥，可恥的是在於過度的追求、不合理的奪取和貪婪的佔有。美國文學家馬克吐溫就曾這麼不客氣地說過：「貧窮者希望得到一點東西，奢侈者希望得到許多東西，貪婪者希望得到一切東西。」

言下之意，說明了貪心不足的人得到越多，就會想要更多。

只是，我們得到了許多之後，肩上的包袱是不是越來越沉重了呢？當需求不斷地加大之後，我們心裡會不會更加空虛？

一對夫妻住在八十層樓上，有一天外出旅遊回家的時候，卻發現大樓停電了，雖然身上揹了大包小包的行李，但是想要回到家裡，除了爬樓梯之外並沒有別的選擇。

兩個人便從一樓開始，一階一階地往上爬。到了二十層樓時，兩個人實在累了，於是丈夫說：「包袱實在太重了，不如這樣吧，我們先把它放在這裡，等到電來了，再搭電梯下來拿。」

身上沒了沉重的包袱，果然輕鬆多了，兩人一路有說有笑地往上爬。來到了四十層樓時，體力漸漸不支，過度的疲累使得他們兩個開始相互埋怨，指責對方，邊吵邊爬，倒也爬上了六十層樓。

也許是因爲兩人最後累得連吵架的力氣都沒有了，丈夫對妻子說：「不要吵了，爬完它吧！」

終於，八十層到了！但是，到了家門口，夫妻倆才發現他們把鑰匙留在二十層的包袱裡了……

有人說，這個故事其實反映了我們的人生。

二十歲以前，我們活在家人、老師的期許之下，背負著很多的壓力、包袱，自己也不夠成熟，步履難免不穩。

二十歲之後，離開了衆人的壓力，卸下包袱，開始努力追求自己的夢想，就這樣過了愉快的二十年。可是，到了四十歲，發現青春已逝，不免有許多的遺憾，遺憾這個、惋惜那個、抱怨這個、痛恨那個……就這樣在抱怨和遺憾中度過了二十年。

到了六十歲，發現人生已剩不多，於是告訴自己不要再抱怨了，珍惜剩下的日子吧！於是默默地走完自己的餘年。到了生命的盡頭，才想起自己好像有什麼事還沒完成，原來，我們早把夢遺留在二十歲的時候。

人生中總有許多不得不妥協的時候，在夢想與現實之間，我們會如何取捨？在我們有生之年，什麼事情最重要？什麼物品最不可或缺？什麼人你最在意？什麼目標你最想完成？

每一個人都有權決定自己這一生該怎麼過，當你面對這些問題的時候，心底早就應該要有定案。

俄國劇作家奧斯特洛夫斯基勵我們：「你要千方百計，按你自己的辦法，為自己找到幸福。」

要過什麼樣的生活你可以自己決定，要擁有一個怎麼樣的人生你也可以自己決定，但是想要完成這個計畫，你必須親自動手且須負全責。

沒有人要你放棄夢想，就算真有人這麼說，你也可以不予理會，盡力去追求理想。一旦你放棄了，也是你自己的抉擇，無須找藉口。

與其空嘆懊悔，何不活在當下？把握現在，盡自己的力量去發揮、去闖蕩，看看自己可以做到什麼程度，別給自己後悔的餘地。就算夢想幻滅，也證明你曾經真正地努力過。

快樂地工作，從工作中獲得快樂

一件事情，可以開開心心地進行，也可以苦著臉去做，
但是這一段進行的過程中，心裡的感受絕對不一樣。

科學家愛因斯坦曾經說過：「真正的快樂，就是對生活的樂觀，對工作的愉悅，對事業的興奮。」

你知道嗎？打從進到職場工作開始，除了睡覺、吃飯、胡思亂想你一生中大多數的時間裡都在工作渡過。

既然工作佔了這麼大的比例，如果我們想要得到一個快樂的人生，首先就要想辦法快樂地工作，再試圖從工作中獲得快樂。

美國西雅圖有一個很特殊的魚市場，據說在那裡買魚不只是一種採購，還是一種快樂的享受。

市場裡除了充斥著各種海魚的味道之外，還有魚販們快樂的笑聲。每一攤的魚販都面帶著笑容，像合作無間的棒球隊員似的，將冰凍的魚像棒球一樣投擲，在空中飛來飛去。

大家還互相唱和著：「啊，六條鷹魚飛往明尼蘇達去了」，或是「注意！十隻螃蟹將飛到堪薩斯」。快樂和歡笑在每一攤魚店裡流過來，飄過去，連顧客都忍不住笑了開來。

有人問：「爲什麼你們在這種環境下工作，還能保持愉快的心情呢？」

魚販你一言我一語地說著，事實上，幾年前的這個魚市場也是一個毫無生氣的地方，大家整天抱怨，後來，大家才體認到與其每天抱怨沉重的工作，不如改變工作的品質。

於是，他們不再抱怨生活的本身，而是把賣魚當成一種樂趣。後來，一個創意接著一個創意，一串笑聲接著一串笑聲，他們便成爲魚市中的奇蹟。

想不到，大伙練久了，竟然人人身手不凡，幾乎可以和馬戲團演員相媲美。這種工作的氣氛還影響了附近的上班族，他們常到這兒來和魚販們一起用餐，感受他們樂於工作的好心情。

你也許會嗤之以鼻：「賣魚就賣魚，幹嘛搞那麼多花招？」

但是，我卻以爲，如果他們不是眞心地投入自己的工作，在工作中找尋到自我的價値與認同，絕對無法在其中找尋到那滿溢出來的快樂的。

把不滿的情緒收藏起來，替代以愉快的念頭，我們就能夠快樂地工作，進而在工作之中尋得更多的快樂。

一件事情，可以開開心心地進行，也可以苦著臉去做，但是這一段進行的過程中，心裡的感受絕對不一樣。

心理學裡有一種關於「心流」的描述，強調一個人在全心投入某一項工作的時候，心中會有一股能量不斷流動，爲我們帶來愉悅的感受，而這種感受可以讓我們完全忘記時間的流逝。

很神奇吧，用心與否竟與快樂與否息息相關！

不要以既定的觀念去檢視自己的工作，或評量工作的價值，改個念頭，你的生活就能快樂許多！

真愛可以激發無限力量

孩子會有什麼樣的父母，無法自己選擇；但是我們期許每一個孩子都能得到足夠的關愛，快樂地長大。

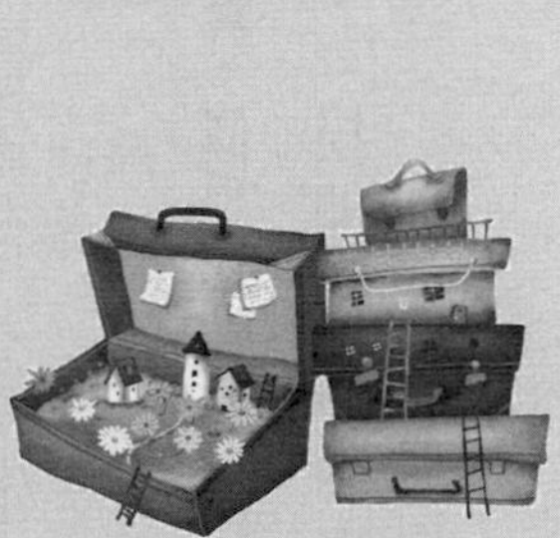

英國小說家狄更斯曾說：「沒有無私的、自我犧牲的母愛幫助，孩子的心靈將是一片荒漠。」

從這段話裡，我們可以看出狄更斯對於母愛的推崇與肯定。

曾經有過一個科學實驗結果發現，能夠得到充分母愛的孩子比較聰明，也更能突破環境的限制。實驗中更發現，先前未達到充分發展的孩子，經過關愛與照顧之後，表現同樣也有明顯的提升。

由此可見，母愛對於孩子來說，有著無法想像的力量，足以對孩子的身心發展產生正向加乘的結果。

有一個相當動人的故事，說明母愛的誠摯與偉大。

在沙漠深處難得有一處泉水，一頭老駱駝每隔一段時間，就會帶著幾個孩子來此處飲水。但是，隨著沙漠的氣候變化，泉水的水位也跟著變化。

有一年，沙漠氣候變得異常酷熱乾燥，水位急速地往下降。當駱駝們又來到這裡飲水時，水位已經降到極低的位置了，不管小駱駝如何努力，牠們的嘴巴始終沒有辦法觸及水面。只差半公尺，就可以喝到水了，但這半公尺，卻是生命無法觸及的高度。

只見老駱駝圍著自己的孩子轉了幾圈，接著叫了幾聲，似乎在叮囑著什麼，目光中充滿依依不捨。接著，老駱駝突然縱身躍入潭中，「撲通」地濺起了衝天的水柱。水終於漲上來了，剛好夠小駱駝喝得到的位置。

因爲這水，小駱駝們活了下來，這也是用眞愛換來的生命。這個故事讓人不得不感嘆，世上最偉大的莫過於親情，母親們總是用生命譜寫著永不泯滅的眞愛。故事中感人又眞摯的親情雖然單純，卻比任何情感更能夠深入人心。

哲學家弗洛姆說：「母愛使孩子感覺降臨人間是美好的，母愛在孩子身上逐漸灌輸了對生命的熱愛，而不僅僅是活著便罷。」

故事裡的小駱駝應該會永遠記得自己是靠著什麼才活下來，老駱駝用愛和生命寫下的，小駱駝們必定一生無法忘卻，牠們一定會認眞地活，將自己得到的愛，認眞地傳承下去。

在這個世界上，千千萬萬的家庭裡，養著千千萬萬的孩子，我們不知道每個孩子會有什麼樣的父母，當然他們也無法自己選擇，但是，我們期許每一個孩子都能得到足夠的關愛，快樂地長大。或許，就從我們自己做起，一旦爲人父母，便要想辦法爲孩子建立一個快樂的家庭、有愛的，而不只是物質無虞的家庭。

要互相尊重，也要有效溝通

夫妻之間，不只要相互敬重，更要有效溝通，有時候光是一顆猜疑的種子就足以毀滅一個家庭了。

英國作家哈代曾經語重心長地說：「人生裡有價值的事，並不是人生的美麗，卻是人生的酸苦。」

這句話聽來雖然刺耳，卻也眞實無比，唯有到了人生最艱苦的時刻，自己才能明白，其實我們有多麼幸福。

有一位極有前途的男高音，視歌唱爲第二生命，但是，就在他演唱技藝日益成熟的時候，被診斷出罹患了喉癌，即將失去了他的聲音。

那一刻眞是天昏地暗，他的妻子握著他的手，心裡想著未來將要如何過下去。因爲她明白演唱對她的丈夫來說是何等重要的事，心裡也悄悄地埋怨上蒼爲何如此弄人。她難以想像，如果失去聲帶，不能再像從前一樣登台演唱，丈夫餘生該如何度過。

但出乎意料的是，她的先生鎮靜而平和地選擇了手術。

經過復健之後，男高音終於出院回家休養。第一頓晚餐，他在飯桌前坐著，看妻子擺放飯菜。

等妻子坐下後，他開口了。他說：「以後，我不能再唱歌了，可是還能夠每天吃妳煮的菜，看到妳的笑容，眞好！」

古怪的聲音，卻讓他的妻子瞬間熱淚盈眶、感動不已。

原來，他在醫院復健時，悄悄地在醫生的協助之下，學會了以食道來發聲。

他放棄了自己美好的聲帶，卻牢牢守住一顆同樣美好的塵世之心。他雖然不能再縱情高歌，卻在滿室的靜默中，讓她聽到了生命裡最美的旋律。

一直很羨慕恬淡靜遠的愛情模式，相知相守，不管福禍榮辱都能一起面對，那樣的情感是能感動天地的。

這對夫妻彼此深愛對方，不經意之間流露出對彼此的重視，超過爲自己著想的程度。明知道失去歌喉，丈夫將會如何失落，但是當丈夫決定接受手術的時候，仍全心支持；明知道自己再也不能唱歌，生活將會完全失去重心，但是只要能夠吃到妻子親手做的飯菜，能再多牽幾年妻子的手，那麼一切的煎熬都可以忍受。如此兩心相屬，確實令人動容。

妻子的疑惑與猜想，在丈夫費力地說出的幾句話中徹底消融了，她當然能夠感受丈夫之所以苦撐過來是爲了自己，她也知道怎麼做來回報對方，夫妻之間沒有隔閡，只有兩心相屬。

諾曼．彼得森曾經對夫妻之間的溝通模式下了這樣的註解：「任何親密無間的關係，由於雙方的自尊心，有時總會發生衝突。不同的個性也會引起摩擦。但是如果能建立起一種愉快的、有效的交流方式，那麼彼此的間隙中就不僅能容得下愛情的喁喁私語，也容得下挑戰性的言辭。」

由此可見，夫妻之間，不只要相互敬重，更要有效溝通，有時候光是一顆猜疑的種子就足以毀滅一個家庭了。

有個朋友說：「夫妻之間，沒什麼噁心話不能說的。」這話聽來雖然肉麻，但是如果能夠彼此坦誠相待，平日無話不談，至少可以將發生誤會的可能性降到最低了吧。

Part 8

自己的未來只有自己才能點亮

過去的榮譽和恥辱只能代表過去，
真正能代表一個人一生的，
是他現在和將來的所作所為。

微笑就是最好的行銷

一句話說：「和氣生財」，做生意的人要是能夠始終笑臉迎人，生意肯定是會興隆的。

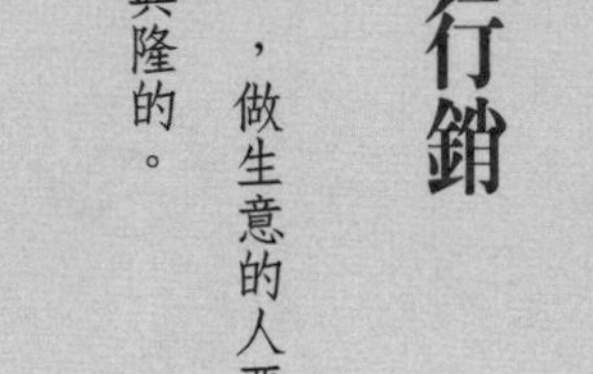

有一次特地慕名到一家餐館用餐，抵達的時間太晚，餐館裡已是客滿的狀態。店員苦笑地說目前沒有位子，當我們表達出願意等待的時候，感覺得出來她有點爲難，但她還是笑著說幫我們想想辦法，請我們稍待片刻。

那是一家歐式自助餐廳，客人想坐多久就能坐多久，店員並沒有去打擾任何一桌的客人，不過可能是因爲我們站在門口等，讓一些已經吃飽的客人不好意思再坐下去，便有人起身結帳。

當店員剛幫一桌客人結完帳，立刻帶著笑容過來幫我們帶位，還熱心地幫忙添椅子。她頻頻抱歉必須先請我們擠一下，等有其他空位再爲我們換位置。她從頭都帶著歉意的笑容爲我們服務，眼前的不舒適似乎變得可以忍受一點，我們也微笑請她慢慢來。

因爲我們到的時間，剛好是所有菜色被前一批客人搜刮乾淨，而新的菜還沒裝盤，總之像是每一道菜都是別人揀剩的，整個用餐過程中其實並沒有值回票價的感覺。

我們終究還是吃飽了，結帳時店員依然微笑地問我們爲什麼不再多待一會兒，反正距離營業結束的時間還有段距離，還有不少新菜會端出來。

我苦笑地請她結帳，因爲就算還有再多的菜，我們也吃不下了。店員將找零的鈔票和一張名片一併交還給我，告訴我們下次可以先打電話來訂位，就不會等太久了。

很神奇的，雖然我們沒有吃到最好吃的菜，沒有享受到最高級的服務，但是我們願意再給這家餐廳一次機會。

沒有座位不一定是店家的錯，遲到的客人當然也要負責任，但是那名店員從頭到尾面帶笑容，謙和有禮的態度，便不會讓客人藉機遷怒於她。

旅館大王康拉德．希爾頓就是一個善於利用微笑的成功典型。

一九一九年，希爾頓雄心勃勃地把父親留給他的一萬二千美元積蓄投資旅館經營，展開了他的旅館經營生涯。當他的資產從一萬二千美元奇蹟般地增值到幾千萬美元時，他自豪地把這個成就告訴母親。

但是，他的母親當場潑了他一盆冷水，對他說：「依我看，你跟以前根本沒有什麼兩樣，事實上，你必須把握比五千一百萬美元更值錢的東西，除了對顧客誠實之外，還要想辦法使住過希爾頓旅館的人還想再來住，你要想出這樣一種簡單、容易、不花本錢而又行之久遠的辦法去吸引顧客，這樣你的旅館才有前途。」

希爾頓不停地想，究竟什麼才是「簡單、容易、不花本錢而行之久遠」的辦法？於是，他決定實地去逛商店、住旅店，靠著自己作為一個顧客的親身感受，終於得出了答案——微笑服務。

而後，希爾頓決定以身作則積極貫徹微笑服務的經營策略。他自己時刻保持微笑，每天對服務員說的第一句話就是：「你對顧客微笑了沒有？」

他要求每個員工不論如何辛苦，都要對顧客報以微笑。即使是在旅店業務受到經濟蕭條的嚴重影響時，他也經常提醒員工記住：「萬萬不可把我們心裡的愁雲擺在臉上，無論旅館本身遭受的困難如何，希爾頓旅館服務員臉上的微笑永遠是旅客的陽光。」

在經濟危機中倖存的百分之二十旅館業中，只有希爾頓旅館服務員的臉上帶著微笑。結果，經濟蕭條剛過，希爾頓旅館就成了世界旅館業的龍頭，而希爾頓也成為一代富豪。

希爾頓成功不是沒有原因的，自己想要得到什麼服務就提供什麼服務，是經營的不二法門。

美國哲學家詩人愛默生說：「快樂是香水，除非你先灑幾滴在自己身上，否則就無法倒在別人身上。」

有一句話說「和氣生財」，做生意的人要是能夠服務親切，始終笑臉迎人，生意肯定是會興隆的。

要做生意自然是廣開大門，哪有將客人往外推的道理？能夠讓客人願意再給商家機會，就稱得上是成功的經營。生意人不應忘記，消費印象是影響顧客是否再度消費的重要因素。

自己的未來只有自己才能點亮

過去的榮譽和恥辱只能代表過去，真正能代表一個人一生的，是他現在和將來的所作所為。

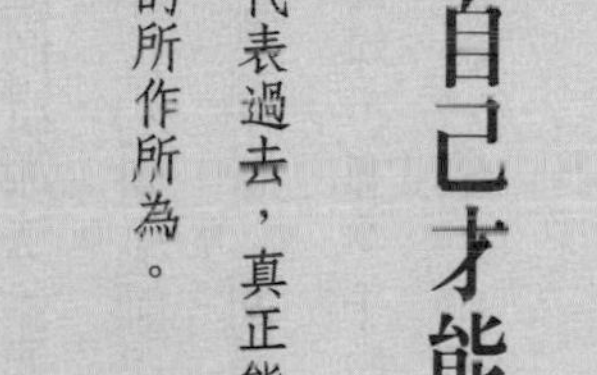

教育的過程裡包含了兩個動詞，一個是「教」，一個是「學」，其中有兩種人互爲主詞和受詞，那就是老師和學生。因爲，光只有教或是只有學是不夠的，必須雙方都意識到自己的責任才能有良好的結果。

彼得．伊文斯和喬夫．迪漢共同撰述的《心智的沒落》一書中，有段話如此寫道：「每位有見識的教師都應該了解，教育的問題在於，我們太重視『教』，而不夠重視『學』。」

教育不是老師一個人想做就可以做到的，得要有學生配合才行。

在美國新澤西州有過這麼一個故事。

那個班級位在全校最不起眼的一角，彷彿最好所有人都忘了學校裡有這個班級似的。可是，班級裡的學生卻不容迂腐的成人就此視而不見，他們每個人都有一段「轟轟烈烈」的過去，有人吸過毒、有人進過感化院、有人墮過胎……如果不是法令規定他們得待在學校，他們也不見得想待在這個視他們爲恥辱的地方。

這些學生對未來完全不抱任何希望，既然學校不在乎他們，他們也不在乎學校的紀律，不但家長個個拿他們沒辦法，連老師們也都束手無策。

新學期來了，一個名叫菲拉的新老師受命接下這個班。菲拉並沒有像之前的幾任老師一樣立刻要求整頓班上秩序，而是在黑板上寫下一道題目。

A：篤信巫醫，有兩個情婦，有多年的吸煙史，而且嗜酒如命。

B：曾經兩次被趕出辦公室，每天要到中午才起床，每晚都要喝大約一公升的白蘭地，而且曾有過吸食鴉片的記錄。

C：曾是國家的戰鬥英雄，一直保持素食的習慣，不吸煙，偶爾喝點酒，但大都只是喝一點啤酒，年輕時從未做過違法的事。

菲拉要求大家從中選出一位後來能夠造福人類的人。毫無疑問地，每個學生都選了C這個答案，但是當菲拉公佈答案的時候，全班都嚇了一跳。

因爲，這三個人都是世界知名人物：A是富蘭克林．羅斯福，雖然身體有著殘疾，仍意志堅定地連任四屆美國總統。

B是溫斯頓．邱吉爾，也是英國歷史上最著名的首相。至於C則是阿道夫．希特勒，德國納粹黨的精神領袖，在二次大戰中奪走了無數無辜生命。

菲拉接著說：「孩子們，你們的人生才剛剛開始，過去的榮譽和恥辱只能代表過去，真正能代表一個人一生的，是他現在和將來的所作所為。從過去的陰影裡走出來吧！從現在開始，努力做自己一生中最想做的事情，你們都將成為了不起的人才！」

正是菲拉的這番話，改變了二十六個孩子一生的命運，這些孩子長大成人後，都在自己的崗位上表現出驕人的成績，有的成了心理醫生，有的成了法官，有的當了飛機駕駛員。值得一提的是，當年班裡那個個子最矮也最愛搗蛋的學生羅伯特．哈里森，成爲了華爾街上最年輕的基金經理人。

「教」什麼並不是最重要的事，怎麼教才能讓學生接受，才是因材施教的眞諦。那二十六名學生明顯地被自己的過往牽絆住，看不到人生的光明面，但是菲拉卻給了他們一盞明燈，告訴他們自己的未來可以憑著自己的努力照亮，要照多遠全看自己怎麼運用這盞燈。

相信這些學生都很清楚，除了自己沒有人救他們，沒有人能救也沒有人肯救，老師僅僅指示了路程，必須靠自己走過這條小徑。

老師的責任就在於鼓勵學生負起自己該負的責任，激發學生自己的學習意願，他們自然會傳遞出眞正想要學習的東西，教師才能針對他們的需求提供更多的建議，也才能眞正達到教育的目的。

把批評當作檢驗自己的良機

批評攻擊的絕對都是我們的弱點。如果認定自己沒錯，又何必因為他人的不實說法而感到沮喪生氣呢？

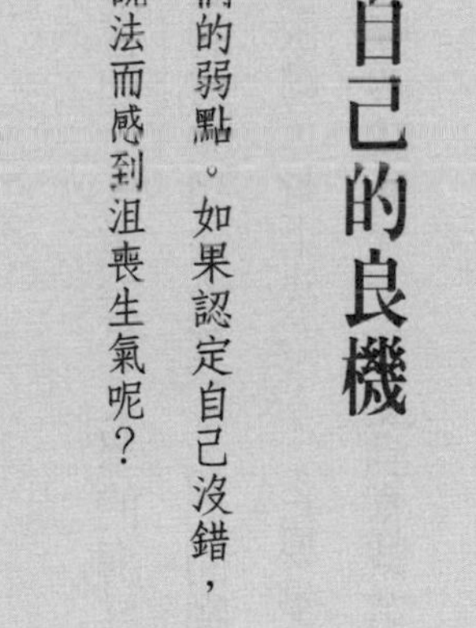

理查．卡爾森說：「我終於問了自己這個問題：這究竟是誰的人生？當我無法回答這個問題時，我就曉得我必須改變了。」

我們的人生旅途中會經歷無數的事件，會遇到無數的人，每一個和我們互動的人都會對我們造成影響。

有些人對我們期望太高，有些人想爲我們安排未來，有人嫉妒，有人羨慕，有人不屑，有人支持……不論那些人對我們造成了什麼影響，在困惑茫然、左右無措的時候，不妨問自己這句話：這究竟是誰的人生？

在別人對我們的影響中，打擊最大的莫過於批評了。當我們遭受批評時，怎麼去調適呢？或許可以來看看拜倫的經歷。

據說，英國大詩人拜倫是一位古怪的天才，天生就跛足，在亞伯丁讀書的時候，還曾被人譏笑爲「跛足鴨」，但他要證明自己不比任何人差。

他執意報名學校舉辦的運動會，在同學的取笑聲中，他卻以飛快的速度奪得了長跑比賽冠軍。不但老師和同學們對他刮目相看，拜倫心裡也生起一種從未有過的自豪感和成就感。

拜倫從小就特立獨行，嗜書如命，遨遊於文學的海洋中，並希望把自己的思想用詩歌的形式表現出來。他的這些想法遭到了人們的嘲笑，他們根本不相信拜倫能成爲詩人，但他反而受到激勵，暗下決心，一定要爭這口氣。

十九歲那年，他發表了《閒暇時光》，卻受到當時著名的評論家亨利．布萊漢姆的嚴厲批評，但拜倫並沒有灰心。

二十五歲時，拜倫攀上了文學的頂峰。

亨利．布萊漢姆後來說：「拜倫是一位偉大的詩人，他這麼年輕就攀上了文學的頂峰，司各特、華茲華斯對他只能仰視，在歷史上，幾乎還沒有如此迅速爬上榮譽頂峰的先例。」

拜倫和亨利後來還成了好朋友。亨利時常羞愧地為自己以前尖酸刻薄的攻擊一再道歉，拜倫一笑置之，對亨利說：「我感謝你還來不及呢！正是你的評論激勵了我的創作。」

批評在所難免，別人的批評更是一個檢視自己腳步的好時機，因為他們批評攻擊的絕對都是我們的弱點。如果認定自己沒錯，又何必因為他人的不實說法而感到沮喪生氣呢？

就像美國詩人愛倫坡所說：「在批評中，我變得勇敢，無論批評來自於朋友或敵人，我都一樣堅決肯定。有了這個既定的目標，無論何事都無法改變我的心意。」倘若我是對的，我要這麼做，別人又能奈我何？

不可狂妄、目中無人，但也不必事事順從他人說法，有自己的主見，才能全力以赴爲自己的理想建造出堅不可摧的堡壘。

把批評當作檢驗自己的考題，有一句拉丁諺語是這麼說的：「莫怕戲謔。別人撒鹽傷不了你，除非你身上有潰爛之處。」

想要自在地不理會別人的嘲弄，除了把臉皮練得厚一點，更要一項一項地去修正自己的弱點，把各種可能的漏洞塡滿，讓對方完全沒有可趁之機。當我們鍛鍊得夠堅強，批評傷不了我們，只會被磨練得更顯光芒。

冷靜，才能面對惡意挑釁

那些不想聽也不該聽的話一出現，不妨試著「閉上」兩隻耳朵，想辦法轉移一下自己的注意力，以自制力迎戰惡意的攻訐。

有很多例子可以告訴我們，放任自己的情緒宣洩是多麼不智的事，不論原因爲何，都沒有什麼好下場。

最衰的是，有時候本來並不打算生氣，卻莫名其妙被捲進別人的怒氣裡，最後雙方就氣成一團，沒人開心快活。雖然是蠻倒楣的，可是我們也只能怪自己自制力不夠，那麼容易受人挑撥。

最需要學會「冷靜」這門學問的工作，莫過於客服部門了，不但每天要應付成千上萬的客訴案件，還得不哭不怒陪笑臉，眞是辛苦極了。

被人家劈頭亂罵絕對不是件舒服的事，更何況工作的本身就是如此，如果沒有足夠的耐性和自制力，很快就會精神崩潰。在這個越來越重視客戶服務的時代，修養良好、懂得自我調適的客服人員確實是不可或缺的角色。

據說，十八世紀的時候，美國賓州有一家雜貨鋪爲了解決顧客投訴，想出了一個很好的方法，不但能從容地應付所有顧客的不滿與抱怨，更讓顧客因爲消氣而願意再度上門。

在這家雜貨鋪受理顧客投訴的櫃台前，許多女士排著長長的隊伍，等著向櫃台後的那位年輕女郎訴說他們所遭遇的困難，以及這家雜貨鋪不對的地方。在這些投訴的女士中，有的十分憤怒且蠻不講理，有的甚至講出很難聽的話，但是，櫃台後的這位年輕小姐，總是親切地接待這些憤怒不滿的女士，絲毫未表現出任何憎惡。

她臉上帶著微笑，引導這些顧客們前往相應的部門，她的態度優雅而鎮靜，過人的自制修養實在令人訝異。

把鏡頭拉近一點，仔細一看，那名小姐身後其實還坐了另一個人，她在紙條上簡要地寫下女士們抱怨的內容，完全省略了那些尖酸刻薄的話語。

原來那名年輕女郎根本聽不見，而是由她的助手負責記錄，只將必要的事實記下，讓她可以適當地爲顧客解決問題。

就這樣，顧客的情緒得以宣洩，問題也能得到解決；顧客見那名小姐修養如此好，自然是不好意思再謾罵下去了。

不中聽的話隨時都可能出現，如果能夠有一副隱形耳罩在這樣的話語出現時自動消音，我們的心情也就不會受到影響了。

其實，仔細想想，生命十分短暫，有很多建設性的工作等待我們去做，因此，我們不必對每個說話難聽的人去進行反擊。那些不想聽也不該聽的話一出現，不妨試著「閉上」兩隻耳朵，想辦法轉移一下自己的注意力，以最大的自制力迎戰惡意的攻訐。

試著去分辨對方的話出於情緒還是惡意，如果只是情緒上的宣洩，同理一下對方的想法，也就能以同情的態度對待，看對方被怒火折騰得如此痛苦，還不夠可憐嗎？如果對方是惡意挑釁，那我們更無需去理會，因為一旦回應就落入了對方的陷阱之中。

富蘭克林說：「一個人除非先控制了自己，否則他將無法控制別人。」

冷靜下來，一定能夠找到對付的方法，最怕的是攪和進去，最後就成了一場混戰，每個人都成了砲灰。培養冷靜的自制力，在必要的時候，能夠幫助我們在人際紛爭中全身以退。

你爲什麼會擔心美夢成眞？

能夠享受的幸福感覺，才是真正的幸福；假若你認為在追求夢想的自己是快樂的，那麼你就是幸福的。

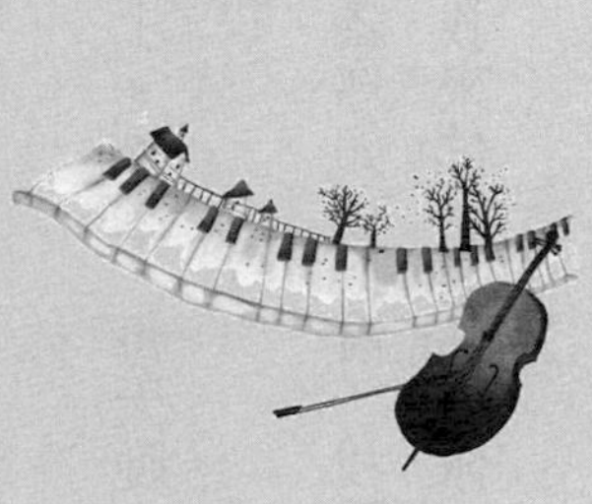

美國作家伊利．歐威爾曾經寫道：「就如同人不能沒有夢而生活一樣，他也不能失去希望而活。」

夢想，是我們往前邁進的重要助力，爲了讓夢想能夠成眞，我們會不斷去努力，敦促自己忍耐眼前的種種不適，因爲當美夢成眞的那一刻，犧牲奮鬥過一切都會是值得的！

可是，有人卻認爲還是做做夢就好了，成眞了反而會是種負擔。

你認為呢？

有一個乞丐無家可歸，每天晚上睡在公園的凳子上過夜，餓了就啃點要來的饅頭。公園對面就是一家豪華旅館，出入的盡是一些衣冠楚楚的富翁，那些人的衣著華貴、乘車氣派，完全落入乞丐的眼中。相較於乞丐的際遇，那些人的生活儼然是一段美麗的夢想。睡不著的時候，他總是死死盯著那幢旅館，那種貪慕和飢渴的模樣，似乎是想把它裝進自己的肚子裡。

有一天，有一位富翁注意到乞丐奇怪的舉止，就走到他面前問：「你為什麼每天都盯著那個旅館看呢？」

乞丐說：「我沒錢、沒家、沒房子，只得睡在這長凳上。不過，每天晚上我都夢到自己住進了那家旅館，吃得飽飽的，睡得舒舒服服的。」

富翁想了想突然善心大發，對他說：「好，今晚我就讓你如願以償。我為你在旅館裡租上一間最好的房間，讓你住上一個月，房費由我來付，還供應你一個月的美食。」

但是，不到幾天後，富翁卻發現乞丐重新回到了公園的凳子上，疑惑地問乞丐為什麼要從旅館搬出來。

乞丐回答說：「我睡在凳子上，會夢見我在那家豪華的旅館吃得好睡得好，眞的妙不可言。可是，我睡在旅館裡，卻夢見我又回到了冷冰冰的凳子上受凍挨餓，這夢眞的可怕極了，讓我整晚睡不著覺！」

有時候，夢境裡的幻想似乎總是比現實美上好幾百倍，所以得不到的最是美好，得到了反而會有失落感，因爲美麗的幻想被醜陋的眞實取代了。

很多人喜歡談戀愛，享受追求的過程，享受幻想的朦朧美感，當眞正交往，眞正進入婚姻後，現實面無從躲避地展露出來，剎那間「幻想還是最美」的悔恨感油然而生，幻滅也使人感到加倍的痛苦。

有時候，美夢眞的成眞了，卻反而有種不眞實的感受，「我眞的得到了嗎？」

「我眞的擁有了嗎？」眞正得到了，卻反而是擔心受怕的開始，擔心不能持久，害怕終會失去，惶然終日，讓自己過得更加緊張疲累。

就好像故事裡的乞丐，雖然他的夢成眞了，但是顯然這「美夢成眞」的景況是有期限的，沒有辦法永遠擁有，所以他開始擔心，整天想到的都是眼前的一切不知何時會消逝無蹤，這種壓力令他難以承受，還不如回到困境裡幻想順境來得開心愉快。

朗貝克說：「幸福本身就是一種旅程，而不是旅程中的一個目標站。」唯有能夠享受幸福的感覺，才能算是眞正的幸福；假若你認爲在追求夢想的自己是快樂的，那麼你就是幸福的，因爲你享受的將會是過程，而不是結果。

尋求認同，要由尊重出發

尊重是一種發自內心的感受，因為看重對方、在乎對方的想法，甚至願意改變自己。

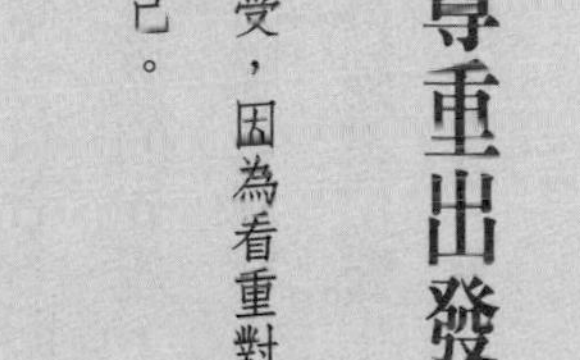

日本經營之神松下幸之助曾勉勵年輕人：「請覺悟與人共同生活的重要性，常懷感恩的心，以不忘恩、不忽略感謝、尊重義氣的心和人交往。」

是的，只有如此，才能打動別人的心，得到別人認同，順利與別人交往，爲自己建立圓融和諧的人際關係。

想要得到他人的認同，首先得讓對方認識我們，進而了解我們；當然，我們也得先去認識對方、了解對方才行。

「投其所好」往往是事半功倍的好方法。想要打入一個社交圈，如果能夠事先去了解那個團體喜歡的話題，避開討厭的話題，當然就能減低被排斥的機會，而順利融入了。

非洲有一個部落，族裡面有個規矩，就是在參加集體活動的時候必須赤身裸體。和外界交流之後，儘管這個族規使得他們遭受了很多白眼和謾罵，但他們卻從沒有因此改變過規矩。

有一次，部落裡爆發了瘟疫感染，許多族衆染病臥床，部落裡的醫生都束手無策，於是決定到鄰近部落去請一位著名的醫生來幫忙醫治。

那位醫生知道他們有那條奇怪的族規，當然覺得非常難為情，但又禁不住三番五次懇求，最後想到醫生的天職是以救人為重，便答應了。

族裡面的人很高興能夠請得動這位醫生，也知道醫生為了他們的族規感到難為情，所以他們決定為醫生破例一次。等到醫生要來的那天，所有的族衆都穿上了衣服聚集在會堂裡。

醫生在約定的時刻準時到了，但是當醫生出現，族眾們都愣住了，只見年邁的醫生肩上背著重重的醫療包，身上卻一絲不掛。

從這個例子裡可以很明顯看出，他們雙方都尊重對方的想法，不希望讓對方受窘，因而樂意去配合對方。

這是因爲「重視」才能發揮的力量，尊重是一種發自內心的感受，因爲看重對方、在乎對方的想法，所以願意改變自己。

尊重並不是要抬高別人而貶低自己，而是在自己可以接受的範圍之內，給人方便；如此一來，便可以在人際關係上跨出成功的第一步。

當然，有時候爲了打入某一個社交圈，可能不得不附庸風雅，甚至得模仿那個圈子裡的穿著、說話語氣、做事風格。甚至有人認爲，彷彿非得做到那樣，才能顯出自己有格調，是團體中的一分子。就好像當了官就得有官派頭，不然就落了人後。

可是，格調不應單靠模仿，因爲學得再像，終究不是自己的風格，假如只是勉強裝出樣子，長久下來不累嗎？如果我們連自己的心都不肯眞實面對，那麼最終將失去了自我。

所以，回歸到基本面，當我們謙卑地認識了別人之後，是否也應該讓別人來認識自己，彼此溝通才算得上是眞正的友誼。

充滿自信就能說服別人

對自己充分了解，對想說的內容充分了解，對前因後果充分了解，便能產生足夠的信念，自信也就油然而生了。

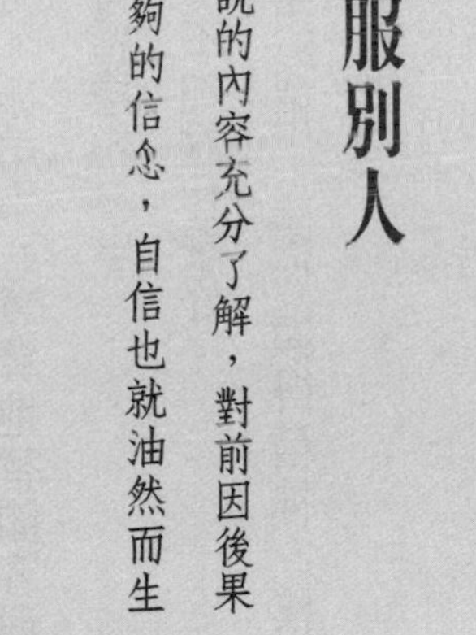

我們必須承認，能夠掌握語言的訣竅，懂得說話的技巧，可以讓我們事半功倍，甚至從人際關係之中得到不少好處。

有時候不免想，說一句惹人歡欣的話和說一句討人厭的話，其實所要花費的力氣是一樣的，可是所得到的結果卻是截然不同的；既然如此，爲什麼不想辦法修正一下說話的技巧，將語言轉變成一種對自己有利的工具呢？

一個理髮店的徒弟跟著師傅學藝三個月後，總算可以直接爲客人理髮。

當他爲第一位顧客理完髮之後，顧客照照鏡子，有點不滿意地說：「怎麼把頭髮留得這麼長？」

徒弟一時間愣住了，腦子裡一片空白，尷尬得說不出話來。

這時師傅在一旁笑著解釋：「頭髮長，使您顯得含蓄，這叫藏而不露，很符合您的身分。」

顧客聽了倒也受用，高興而去。

接著，又來了第二位客人，徒弟小心翼翼地替顧客理完髮，沒想到顧客照了照鏡子卻說：「頭髮怎麼剪得這麼短？」

結果，徒弟又手足無措，不知說什麼好。

但師傅仍笑著解釋：「頭髮短，使您顯得精神、樸實、厚道，讓人感到親切。」顧客聽了當然也就欣喜而去。

一連被兩位客人埋怨，徒弟更不敢大意地爲第三位顧客理完髮，結果最後顧客一邊交錢一邊不滿地說：「怎麼花了這麼長時間，手藝不行吧？」

徒弟無言以對，臉漲得通紅。

師傅笑著解釋：「爲『首腦』多花點時間很有必要，您沒聽說：『進門蒼頭秀士，出門白面書生』？」

顧客聽罷不禁大笑，倒也開懷而去。

當徒弟輕快俐落地爲第四位顧客理完髮，顧客一邊付款卻一邊嘟囔說：「動作挺俐落的，但這麼短的時間就理完了，沒認眞吧？」

徒弟再度愣住了，同樣一句話也說不出來。

師傅笑著說：「時間就是金錢嘛，您何樂而不爲？」

顧客聽了，笑著告辭。

儘管客人們都開心地離去，但徒弟卻忍不住委屈地說：「師傅，我好像每次做的都有錯，可爲什麼經您一說，又都是對的呢？」

師傅寬厚地笑道：「只看你的切入點罷了。」

手藝是磨練出來的，只要認眞學習，總是能出師的，但是，臨場反應就不得不靠自己去體會了。特別是做生意的人所要面對的狀況百出，有時候想找碴的人怎麼樣就是有辦法挑剔，如果不能「兵來將擋，水來土掩」，那麼豈不得被打著跑了？

這位師傅的說話技巧顯然已經練到了爐火純青的地步了，無論客人怎麼出招，他自有一套方法去應對。爲什麼他能夠如此輕而易舉地從容應對呢？或許是因爲他對自己的工作已有了全盤的了解和極度的自信。

德國詩人作家歌德在《浮士德》一書中寫道：「只要你能夠自信，別人也就會信你。」

說話的人能不能展現出對話語的充分信念，對聽者將會產生不同的影響。如果支支吾吾，別人聽了也會覺得你心虛、對自己的說法沒有把握，對你的信賴感相對也就打了折扣。反之，當你落落大方地侃侃而談，別人首先就會爲你的氣勢所震懾，對你的言論也不會一開始就抱著懷疑的態度，接受的可能性也就大大地增加了。

那麼，要如何才能得到充分的自信呢？

作家羅蘭在《羅蘭小語》裡告訴我們：「充分的自信是由於有足夠的準備、高超的見識、卓越的能力。它不是盲目的剛愎自用，是清楚地知道事情必然的歸趨。這種自信是由知識、見識和力量所形成的。」

自信不是平白無故出現的，自信是累積知識、才能之後自然呈現的。對自己充分了解，對想說的內容充分了解，對前因後果充分了解，如此便能產生足夠的信念，自信也就油然而生了。

學習等待水到渠成的幸福

累積和等待，是我們必須忍耐的過程，唯有蓄積了足夠的實力，才有爆發的衝勁。

托爾斯泰說過：「人生就是不斷地追求！」

在這段追求的路途上，我們會不斷地鞭策自己要快速前進，要有效率，要贏在起跑點上，要快、狠、準。

可是，有一些時候，「欲速則不達」，跑得太快，追得太急，並不一定會有相對的獲得。

在一條大河邊，有三隻毛毛蟲正在竊竊私語，牠們想到河對岸開滿鮮花的地方，聽說那裡有滿山遍野的花，喝也喝不完的蜜。可是，因爲牠們不斷地趕路，已經非常疲憊了。

其中一隻說：「我們必須先找到橋，然後從橋上爬過去，只有這樣，我們才能搶在別人的前面，佔領蜜最多的花朵。」

然而，第二隻說：「在這荒郊野外，哪裡有橋？我們還是各造一條船，從水上漂過去，只有這樣才能盡快到達對岸，喝到更多的蜜。」

可是，第三隻卻說：「我們走了這麼多路，已經疲累不堪了，現在應該靜下來休息兩天。」

另外兩個極爲詫異：「休息？這簡直是笑話！沒看對岸花叢中的蜜都快被喝光了嗎？我們一路風塵僕僕、馬不停蹄，難道是來這兒睡覺的？」

話未說完，那兩隻毛毛蟲就各自忙碌起來，只剩一隻毛毛蟲躺在樹蔭下動也沒動。牠心裡想，喝蜜當然舒服，但這兒的習習涼風也該享受一番。過了一會，牠爬上了最高的一棵樹，找了片葉子躺下來。聽著河裡的流水聲如音樂一般動聽，樹葉在微風吹拂下，像嬰兒的搖籃，很快牠就睡著了。

不知過了多少時辰，也不知自己在睡夢中到底做了什麼。總之，一覺醒來，牠發現自己竟然變成一隻美麗的蝴蝶。翅膀是那樣美麗，那樣輕盈，搧動了幾下，就飛過了河。

牠想去尋找另外兩個夥伴，可是飛遍所有的花叢都沒找到，因爲牠們其中一隻累死在路上，另一隻則被河水淹沒了。

「休息，是爲了走更長遠的路。」這話說來不無道理。

萬事萬物其實冥冥之中自有定數，走得快、走得慢都是在同一條路上，都是走到同一個目的地。逞強而爲，不一定就能爲自己帶來幸福；急切焦躁，不一定就能讓事情更快達成。

學習等待的藝術，可以讓我們把焦慮沉澱下來，讓我們有充分的時間，靜心去把景況整個分析透徹。不斷努力向前是重要的，但是掌握施力的節奏更爲重要。就好像推動一個極重的物品，一直不斷地努力推，使盡吃奶的力氣去推，當然會有一定的成效，但是力氣會減弱，會用盡，效果自然會漸漸微小至消失。可是，經過短暫的休息之後，儲備了另一波氣力，又可以將重物往前推去，不是嗎？

跑馬拉松也是一樣，跑長程不比短跑一鼓作氣就衝到終點，如果不能適當地分配體力，很快就會不支倒地，永遠抵達不了目的地。

累積和等待，是我們必須忍耐的過程，唯有蓄積了足夠的實力，我們才有爆發的衝勁。事先規劃，充分準備，時間到了，自然水到渠成。

Part 9

將失去轉化爲另一種獲得

得到和失去其實是相對的，
為了得到，需要失去，
因為失去，可能又意想不到地獲得了。

轉換念頭，就能撥開烏雲見日頭

以平常心順其自然，換個角度思考人生的困境，或許困境已不再是困境，心底的紛擾也隨之沉澱。

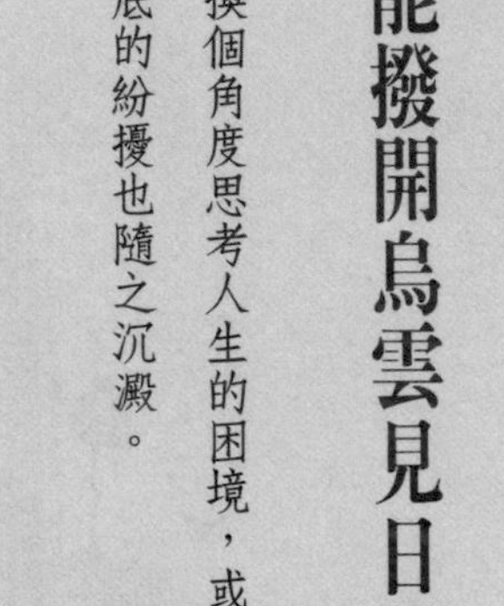

碰到不順遂的事情之時，要試著轉換念頭，不要讓環境影響心境。

德國生物學家威爾科斯克曾說：「當生活像首歌那樣輕快流轉，笑顏常開是件容易的事；而在一切事情都不妙時仍能微笑的人，才活得有價值。」

我們的心像是一面窗，有時候照進了滿室陽光，有時候會被烏雲遮去光芒，我們的情緒，看不到也摸不著，卻像窗外的陽光一般，在我們的心上來來去去，留下了一道道的光和影。

其實，窗還是窗，心裡的房間並沒有眞正因爲外面的天色變化而改變什麼，保持了心的清靈與沉靜，生命也會多了一份輕鬆。

美國加州有一位負責送牛奶的工人，遇到了一樁令他困擾不已的事情。

原來，在他每天運送的客戶之中，有一戶已經欠了他一百美元的牛奶費，收不到帳款，害他老是被上司叨唸，他之所以沒有催那戶人家付錢，是因爲看得出來他們眞的生活上有困難。結果，那戶人家竟然突然失蹤，好像臨時搬家一樣不知去向。

這下子，他只好自己承擔起這份呆帳。莫名其妙地損失一筆錢，害得他每天都過得不開心，三天兩頭就忍不住哀聲嘆氣。

當朋友問起，他便將這樁令他煩心的事情向朋友訴苦。

他的朋友聽了，確實爲他的困境感到同情，不過倒想給他一個建議。

「什麼建議？有什麼好建議快說來聽聽吧！」他急急地問。

「你乾脆把那一百美元當做送給那戶人家孩子的聖誕禮物嘛！」

他聽了，立刻跳了起來，大叫：「開什麼玩笑！連我老婆我都沒送過那麼貴重的禮物！」

不論朋友怎麼說，他就認定了這是個蠢主意，只好又回到他原來困擾的處境裡。而後只要他又露出那種沮喪的神情，朋友就忍不住調侃：「看吧！叫你送禮物你不送，自尋煩惱。」

到了耶誕節前夕，他正準備幫老婆準備一份耶誕禮物時，朋友的話突然又浮上了心頭。想了又想，他決定接受朋友的建議，反正失去的錢再賺也就有了，就當是做了一件善事，讓那些孩子能在麥片粥裡多加些牛奶，過個快樂的耶誕節，也是好的。

就在他開始細心為老婆挑選禮物的時候，突然有人拍了拍他的肩膀，他回頭一看，就是那個欠他牛奶錢的婦人。

婦人紅著臉說：「眞是不好意思，我眞的一直想付錢給你，可是剛好我丈夫臨時找到一間更便宜的公寓和一份夜間的差事，不得不立刻搬家，忘了留下地址，眞是不好意思。我存了三十美元，先還您一部分，等我存夠了錢，一定會如數付給您的……」

他沒有伸手接那幾張皺巴巴的鈔票，反倒是微笑地說：「不用了，太太，已經有人付過帳了。」

婦人忍不住驚呼：「付過了！誰付的？」

「是我啊，祝妳全家耶誕快樂！」

在那一瞬間，婦人忍不住紅了眼眶，而他的心裡卻不住地湧出一股名爲「喜悅」的感受，環繞久久。

正如一部電影對白所說：「我的身體還跟從前一樣，但我的心變了。我的心中再沒有恨，只有愛、溫柔和喜悅。」

的確，心變了，思想也跟著變了，生活態度與感受也會隨之改變。

我相信，如果你的心是快樂的，那麼不論在哪裡你都快樂；如果你滿懷著喜悅，不論做什麼事都會感到喜悅。

一朵花等待盛開，不會去憂慮外在的風和雨，時候到了，自然綻放。當雨停風靜，花朵又能亭亭玉立地搖曳生姿。該來的，總是會來；該走的，終究會走。以平常心順其自然，換個角度思考人生的困境，或許困境已不再是困境，心底的紛擾也隨之沉澱。

弱點和優點是一體兩面

弱點與優點，往往是一體兩面、相輔相成的，利用自己的弱點，既能低頭避過正面攻擊，又能側身伺機迎擊。

高壯堅強的大樹，目標顯著，一有強風吹來，硬碰硬的結果，總是樹倒枝斷；柔軟弱小的青草，毫不起眼，順風而動，伏倒之後總能再藉勢站起。

不會有人永遠是強者，每個人都有屬於自己的弱點。正視自己的弱點，思索因應的方法，反而能在夾縫中求得生機。

強者有強者的優勢，弱者同樣有自己生存的空間，過度逃避和掩飾自己的短處，恐怕就會讓自己的弱點成為真正的致命傷。

聯合國發起人之一的羅慕洛，曾經擔任菲律賓的外交部長，是世界相當知名的社會運動家。

羅慕洛的聰明才智從很小的時候就展露出來了，他唯一的缺憾就是身材過於矮小，外形極不起眼。

因爲這一點，讓他待人處世之時總是特別注意別人的目光，一方面對自己的身材感到自慚形穢；一方面也認爲別人會因此瞧不起他。於是他故意買了很多高跟鞋來穿，希望能在外表上扳回一些優勢。

可是，穿了高跟鞋的他，身材並沒有高大到哪裡去，反而因爲穿上高跟鞋令別人感覺更矮了，就有人當著他的面嘲笑說：「矮子天生矮，就算穿上高跟鞋也高不到哪裡去！」

聽到這種嘲諷，他憤而捨棄所有的高跟鞋，從此不在自己的身高上做文章。他發揮自己的專長，比別人更加刻苦地學習，積極努力地尋找每一個往上爬機會，以實力證明身高絕對不是問題。

二次大戰結束，聯合國成立大會進行當天，羅慕洛即以菲律賓代表團團長的身分應邀上台發表演說。由於講台的高度是以西方人的身材爲標準設計的，所以羅慕洛上台時，大家只能看見他的兩隻眼睛而已，一時之間，許多人大笑起來，場面萬分尷尬。

羅慕洛態度相當鎮靜，不發一言，等到所有的笑聲止息後，他才舉起一隻手，用力地揮動，大大方方地說：「讓我們把這個會場當成最後的戰場吧！」語音未落，在場所有的人都靜了下來，而後響起如雷的掌聲。

羅慕洛以過人的氣度，展現了恢弘的胸襟，在那個以嘲諷和戲謔爲武器的戰場，他的冷靜還擊獲得了徹底的勝利。他的弱點，在他的冷靜應對之下，成爲一種絕對反差，反而更突顯了他個人的優點。

弱點與優點，往往是一體兩面、相輔相成的，利用自己的弱點，既能低頭避過正面攻擊，又能側身伺機迎擊。

我們可以見到，性格內向、膽小怕事的人，常常能處事謹愼、辦事周到；不善交際、不善言辭的人總能耐住寂寞、深謀遠慮；脾氣暴躁、一點火就著的人，卻能處事果斷、抓住良機；柔弱懶散、反應遲緩的人，遇事總能不慌不忙、特別穩重。

人人都有弱點，但能夠從自己的弱點出發，想出絕妙攻防策略的人，將是掌握致勝先機的人。

將失去轉化爲另一種獲得

得到和失去其實是相對的，為了得到，需要失去，因為失去，可能又意想不到地獲得了。

從出生開始，其實我們就處在一種「獲得」的環境當中，得到父母的關愛與養育，得到身心的成長與發展，得到種種可習得的技能。

只是，當我們開始有了選擇權的時候，就必須學習「取捨」的功課，試著坦然面對「捨」，也試著淡然看待「得」。

海倫．凱勒本是個聰明活潑的孩子，卻因為一場突如其來的嚴重發燒而失去了聽力和視力，也因為喪失聽力讓她無法學習說話。

這一場病厄讓海倫．凱勒的父母加倍地關愛獨生女，也讓又盲又聾又啞的海倫．凱勒性情變得嬌縱了起來。

為了讓改變海倫．凱勒，她的父母只好求助於盲人重建機構，請了蘇利文小姐來擔任海倫的家庭教師。

蘇利文小姐曾經患有嚴重弱視，經過多次手術才能維持一般視力，她很了解看不見的心情與感受，也受過相當的專業訓練。

蘇利文小姐努力撤除海倫．凱勒的心防，從教導她正確使用餐具吃飯開始，一步步帶領她走進大自然，學習認字、發聲。海倫．凱勒從反叛、撒潑到順從、學習，克服了種種的困難，終於走出一片屬於自己的天空。

海倫．凱勒一生中不間斷地為殘障人士演講，以自己的經歷激勵他們體會到殘而不廢、自助人助的道理。她的故事，鼓勵了無數人，也喚起了政府重視福利的意識，造福社會人群。

有人說，信念和勇氣，是一筆可貴的精神財富。海倫．凱勒以她的信念和勇氣，爲自己的人生寫下一頁頁美麗的篇章。我們從她的一生中體會到想要過得幸福，全憑自己的心裡怎麼想，更要學會拋棄過往的痛苦與不幸，將之轉換成前進的動力與能量。

英國作家彌爾頓雙目失明之後，反而發現了一個眞理：「思想運用及思想本身，能將地獄變為天堂，也能將天堂變為地獄。」

得失心是擊垮幸福與快樂的兇手，當你懊喪於失去的痛苦，同時也將自己可能得到的快樂一併毀滅。

面對失去需要及時調整心態，首先要坦然承認失去，不能沉緬於已經不存在的東西之中。得到和失去其實是相對的，爲了得到，需要失去，因爲失去，可能又意想不到地獲得了。

就像海倫．凱勒，意外令她失去聽力與視力，倘若她一味埋在悲傷之中，便無法振作，重新得回她的說話能力，也永遠只能躲在家裡了。

除了你自己，沒有任何人事物可以給你帶來平靜。認爲得到了就可喜可賀，而失去了就可嘆可惜，你的生活就成了隨人擺弄的一顆棋子，只能任人左右。然而，這些眞的是我們想要的嗎？

意氣難平的時候，靜下心來，重新檢視自己的信念，鍛鍊自己的勇氣，坦然面對過往的失去，淡然體會今天的獲得，明天，一切都將變得更好。

意外是人生中難得的禮物

有時晴天霹靂反而是人生轉折點中的一記當頭棒喝，提醒我們如果再不轉變就要陷入泥沼了。

「美夢難成真，意外卻頻生。」這是英國政治家也是小說家班傑明・狄斯雷利曾經說過的一句話。

生命裡總有許許多多的意外等待著我們，當它們出現時，我們錯愕、震驚、欣喜……因爲不曾預期，所以無從防備，當下的感受也就特別強烈。然而，反向思考一下，這些意外似乎總是在警示著我們，人生的道路已出現轉折，我們也應該試圖轉個彎，再出發。

有一位女孩由於男友突然要求分手，面對這樣的意外，極度不知所措，因而傷心欲絕地一個人在家裡遊魂似地待了一個星期。她不明白自己究竟做錯了什麼，爲什麼會遭到被拋棄的命運。

沉溺了好一陣子，一天，剛巧一位久未連絡的老朋友打電話來，一番懇談之後，她決定要努力忘記之前的不愉快經驗。於是她打起精神來，重新開始安排自己的生活，也結交了不少新朋友。

不久，她搬了家，也換了新工作。短短半年之後，情傷徹底遠離了她，她覺得自己比以前更快樂，整個人也更有自信了。

另一個男孩，待了四、五年的工作，因爲公司政策突然改變而被裁員解僱。一時之間，生活失去重心，經濟也出現了問題，由於景氣實在太差，短時間內竟找不到另一份合乎自己興趣的工作。

猶疑了一段時間，他終於下定決心向銀行借貸一筆款項，乾脆自己做起小生意來。他第一次自己當老闆，第一次由自己下定決策、實際執行，儘管他得面對種種自己從未接觸過的問題，卻覺得有一股挑戰的動力驅策著他。被裁員的困境和沮喪漸漸拋諸腦後，一段時間下來，生活雖然忙碌，他卻覺得每一天都過得有意義極了。

仔細回想起來，總是在人生旅途上彷彿走到盡頭、四處碰壁的時候，我們才會開始正視生活中的問題，才能學會認識生命的意義。

當我們跌得鼻青臉腫，才明白該換條路走走看了；當我們求助無門，才知道該是靠自己的力量站起來的時候了。

成功的時候，我們看不見任何危險，看不到任何困難；唯有當我們受盡苦難、遍體鱗傷的時候，我們才會記取教訓、發奮圖強。

有時，晴天霹靂反而是人生轉折點中的一記當頭棒喝，提醒我們如果再不轉變就要陷入泥沼了。健康的時候，沒有一個人會特別注意飲食運動，唯有身體出了狀況、百病纏身的時候，才知道健康的重要，才想要亡羊補牢；等到婚姻亮起紅燈時，才明白自己對伴侶不夠關心；等到事業出現敵手時，才發現決策方向需要修正……

幸好，意外初來乍到之時，我們雖然錯愕，卻不至於毫無迎擊之力，坐以待斃。勇敢地迎向前去，只要仍有一線生機，就有無窮轉機。

不撒謊，就不必忍受煎熬

你可以為了眼前的利益撒下小謊，但你很快就會發現自己終究會露出破綻，因為至少有一個人會知道真相，那就是你自己。

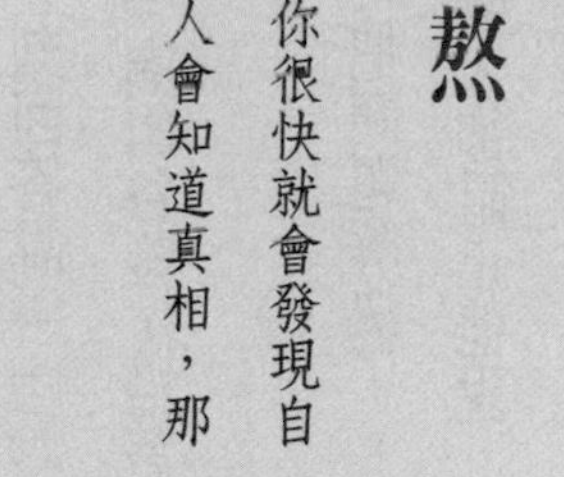

富蘭克林說：「我們的心應該依循良善以及真理而運作。」一個人能夠忠實地面對自己的所作所爲而無愧於心，這個人是善良且正直的。每個人都能依良知待人處事，世界將會更光明圓滿。

人，不是善於猜心的動物，也沒有預知的能力，我們不會知道別人心裡怎麼想，可是我們很清楚知道自己在想什麼。

有一句話是這麼說的：「謹慎觀察心將你拉向何方，然後全力追隨。」你的心欺騙不了你，隨著眞心而行，隨著良善而行，你的靈性將日益提升。

十九世紀英國作家塞繆爾寫過一篇小品，故事內容提及，有一名騎兵上尉受命帶領部隊外出找尋糧草。

他們一路來到一座小莊落前，看到一間破舊的小農舍。

上尉命令手下前去敲門，不一會兒，一名老人開了門。

上尉對老人說明來意之後，隨即向老人請求：「請帶我們到能夠取得糧食的田地。」

軍隊在門口待命，老人毫不遲疑，立刻回答說：「長官，馬上就去。」

老人帶領著軍隊往村外走去，來到一處山谷後，沿著山谷上行大約走了一個小時左右，前方出現了一大塊麥田。

上尉高興地喊道：「太好了，這下可把問題解決了。」

就在他準備下令手下動手取糧時，老人卻阻止他說：「請先別動手，再稍等一會兒也不遲。」

上尉雖然心裡猶豫了一下，仍聽從了老人的建議。

於是，一行人繼續跟著老人出發，不久之後，他們又找到另外一塊大麥田，上尉一聲令下，所有的士兵全都跳下馬來，將已經成熟的麥穗收割綑成束，全放在馬背上。

上尉和老人在一旁看著士兵們的行動，終於將心底的疑問說了出來，問道：「朋友，爲什麼你特地帶我們到這裡來？我們先前所看到的麥田和這一塊田幾乎是一樣好。」

老人說：「確實一樣好，但是，那不是我的田。」

儘管軍隊到達第一塊田的時候，老人大可以任由軍隊採收，反正國家要糧沒人可以拒絕，又可以減少自己的損失，何樂不爲？然而，就是因爲有一顆自尊自重，也尊人重人的心，所以，他寧可軍隊收割自己的麥田。

你可以為了眼前的利益撒下小謊，但你很快就會發現自己終究會露出破綻被人察覺，因為至少有一個人會知道真相，那個人就是你自己。即便沒有人戳破你的謊言，你也會日夜受到這個謊言的煎熬，因為你知道那是一個錯誤，你自己很明白，你心底很清楚。

唯一的辦法，就是對自我忠實；別欺騙自己，你才能在任何時候都抬頭挺胸，俯仰無愧於心。

最眞實的愛藏在平淡當中

一位能在平淡之中默默守護我們的人，他們的愛雖然看不見、聽不到，我們卻感受得到這份愛的真實動人。

有些人的愛，要愛得轟轟烈烈，有些人的愛，只求細水長流，無論是哪一種，只要兩廂眞心投入，都能深刻人心、引人動容。

老一輩的戀情，總是屬於後者，一步步地走來，看似平淡無味，卻在兩相扶持的言行舉動中流露深切的情意。

只是，這樣的戀情在現今的社會裡，似乎越來越難得了。

難得的原因，不是感情不夠眞、不是愛意不夠濃，而是容忍與尊重似乎不再

是婚姻裡重要的角色。每個人都好強爭勝，連在家庭裡也得鬥出個輸贏來，但是贏了又如何？輸了又如何？

一名女子年紀輕輕十九歲就嫁人了，兩個人的小窩裡只有一個房間，一張木桌子，兩把椅子。她不曾喊過一聲苦，生下四個孩子後，更是把全副的心力都放在孩子身上。

孩子長大上學了，眼界跟著寬廣了，不知不覺拿自己的母親與別人比較，心裡有了埋怨。

一天，大女兒問一個問題：「媽，妳讀過莎士比亞嗎？」

她回答：「沒有。」切菜、洗菜的手未曾停過。

女兒又問：「那妳讀過《理想國》嗎？」

她依舊回答：「沒有。」一手扶著鍋子，一手俐落地將菜盛在盤子上。

女兒臉上有點不快，心裡暗暗生著悶氣：「想不到，我的母親竟然是這麼沒學問的人！」

她沒瞧見女兒的神情，只顧著將晚餐打理妥當，而後說：「別說了，快來吃飯吧，今天有妳喜歡吃的菜呢！」

如果有一天，這個女兒也成了母親，相信她一定會明瞭母親當時的心情，也一定能夠體會母親認眞持家的努力。

一個人的價値，不是從學問高低來判斷；一個人的偉大與不凡，不是從外在是否光鮮來決定。

這名母親，只是一名平凡的母親，卻也是一名偉大的母親，她始終默默爲家庭付出，她以自身的努力作爲孩子的身教與榜樣，她的成就在於讓家人無後顧之憂，可以全心爲生活衝刺。

她像一棵大樹，像一處港灣，永遠停留在那裡，張開雙臂，等待家人歸航，也爲家庭遮風避雨。家人的快樂，也爲她帶來快樂，那種甘於平淡的滿足和細心守護的幸福，是她獨有的。

當我們的生命裡有幸出現了這麼一位能在平淡之中默默守護我們的人，我們應該懂得感激，也應該給予尊重。

那樣的人，他們給予我們的愛，雖然看不見、聽不到，我們卻感受得到這份愛的眞實動人。

越是困難的環境，越能磨練出成就

太過幸福就像是減法，一點點減去你的志氣、奮鬥精神和強健的體魄；苦難卻像加法，不斷累加你的夢想、努力和汗水。

曾經橫掃歐洲的拿破崙豪氣干雲地說過：「『難』字只不過是那些沒有勇氣與才能的人製造出來的『護身符』而已。」

再難的事情也有成功的方法，再絕望的困境，也有機會逃出生天，單看我們有沒有足夠的勇氣和信心去找到方法、把握機會。

有人常抱怨生活苦悶，日子難過，可是難道不是他自己選擇在那樣苦悶與難過的環境裡過活的嗎？一個人的出身，可能是助力，也可能是阻力，但絕不是無法超越的困境。在眞正想要成功的人面前，越是困難的環境，越能激發他奮鬥向上、向前的動力。

有一位企業家，本是農家出身，四十歲以前的他也許是先天不良，也許是時運未到，總之生活過得窮困潦倒，沒有能力改善家徒四壁的窘況，四處被人瞧不起，甚至連他的妻子也視他爲一灘扶不起的爛泥。

尊嚴與信心都被踩到谷底的他，有一天終於醒悟自己不是做農夫的料，於是毅然決然地將家中那口薄田賣掉，換來一筆小小的資金，改行做小本生意。他運用一雙巧手做出許多具有巧思的小玩意，既是藝術裝飾品又具有實用功能，很快地便受到顧客的注意和喜愛。

漸漸地，客戶越來越多，生意的規模也日漸擴增，短短十年，原本一家小工廠，竟拓展成一家總資產額上億元的大型企業。

他成功的故事令許多人感到好奇。有記者前來採訪時，聽完他的努力過程後，說道：「如果你出生在城市裡，也受到良好的教育，在穩定的生活環境中成長，說不定你的成就會比現在更大。」

他聽了，沉默了好一會兒才回答：「也許吧！但是我相信如果不是經過那麼多苦難，而是一路順暢、生活豐衣足食，或許我就那麼平穩地過了下去，而不會創辦這家工廠，也就不會有今天的收穫了。所以，從這個角度上來看，我應該要感謝那些經歷過的苦難才對。」

可見，想要成功除了要有自知之明外，還要有外力相助。如果這名企業家不是一路困頓到令他難以忍受的地步，或許他仍舊沒有辦法下定決心去改變，而是在明知做不好的情況下得過且過終生。

英國哲學家培根曾經說過：「如果你沒有足夠的才能去幹某一種事業，那你最好還是及早和它分手，否則，你的結局一定只有懊喪和失望。」

明知道錯誤在哪裡，卻不肯去面對錯誤；明知道問題的癥結所在，卻不肯去處理問題；明知道痛苦的根源是什麼，卻不肯想辦法終結痛苦。這樣的人，就儘管在痛苦的深淵裡抱怨到地老天荒吧！因為什麼都不會有所改變，他也永遠與幸福和成功絕緣！

許多時候，太過幸福就像是減法，隨著時間一點點減去你的志氣、奮鬥精神和強健的體魄；而苦難卻像加法，可以一步一步，不斷累加你的夢想、努力和汗水，這些經歷層層堆積起來，就扮演著幫助我們成功的推手。

罣礙，是自己建造出來的牢籠

我們往往太過於執著於物質享受的形式，而忽略了背後的意義與價值。我們究竟是真正擁有了，還是只滿足了虛榮？

有時候不免覺得，我們對「富足」的定義實在非常模糊。有些人犧牲了家庭、健康、愛情，一股勁地在工作上猛拼，獲得了金錢與名譽，但他們眞的得到了幸福與富足了嗎？

有些人總喊著「錢賺得不夠」，但是當你問他要賺多少才夠時，他可能說不出來；有些人老是說「錢夠用就好」，當你問他多少才算夠用時，他可能也同樣說不出來。

於是，我們對於錢的迷思，爲我們建造了一座又一座不幸福的牢籠。

一位富商耗費了鉅資，收藏了許許多多珍貴的古董、字畫，以及各種珍珠、翡翠等精心設計的珠寶。爲了防止失竊，他又花了一大筆錢安裝了嚴密的保全系統，當然平日也很少特地進去欣賞，這些珍藏嚴格說來，只是他用來炫耀財富的工具。

有一天下午，富商心血來潮，打算進金庫好好欣賞自己的收藏，剛好在入口處碰到一個資深的清潔工。富翁臨時決定要讓那位大廈清潔工和他一起進去開開眼界。

清潔工進去金庫後，慢慢地逐一瀏覽，細細地欣賞，等到兩人一起步出厚厚的鐵門時，富商忍不住炫耀：「怎麼樣？看了這麼多好東西，有沒有覺得不枉此生呢？」

清潔工回答說：「是啊，我現在感覺與你一樣富有，而且比你更快樂。」

那個富商聽了有點不解，臉上露出疑惑的表情。

清潔工繼續說：「我和你一起將所有的寶貝都看過了，在感受上我和你一樣富有，而且我又不必爲那些東西擔心這擔心那的，豈不比你更快樂？」

「愛、恨、貪、嗔、癡」，這些都是我們生命中的罣礙，也是我們用來束縛自己心靈的牢籠。

就像故事中的富翁，雖然擁有許多的寶物，但是一項也沒帶在身邊，只是鎖在金庫裡，既不能使用，也很少賞玩，偶爾才看上一次，那麼，那些寶物和放在店裡有什麼兩樣？那名清潔工在富商的允諾下，一同欣賞了寶物的美輪美奐，真實的感受了它們的美感，不也算是一次美好的擁有嗎？

我們往往太過於執著於物質享受的形式，而忽略了背後的意義與價值。買了一件售價昂貴的衣服，穿起來卻不合身；吃了一頓食材高級的精緻料理，回家卻因爲不習慣而拉肚子了；添購了高科技新產品，卻是大部分的功能都不會使用……，我們究竟是眞正擁有了，還是只滿足了虛榮？

爲了成爲某家商店的會員，得到區區百分之十的折扣拼了命消費，買了許多原本可以不用買的產品；又爲了次一年能夠獲得續卡，在期限關頭不得不胡亂瞎買，只爲了湊得足夠的金額，想一想，我們眞的佔了便宜？還是落入「以爲自己佔便宜」的迷思之中？

也許，該是我們回過頭來檢視自己對於「錢」、「享受」、「幸福」、「快樂」……等等定義的時候了，認清了什麼是自己想要的，什麼是自己已經得到的，重新整理一下自己的感受，或許我們就可以掙脫那些束縛我們的牢籠，衝出生命中一道道的罣礙。

Part 10

自己的快樂
自己決定

所謂「得之我幸，不得我命。」
得到之前，似乎不難保持這樣的態度，
然而，當我們面對失去時，就很難坦然視之了。

自己的快樂自己決定

所謂「得之我幸，不得我命。」得到之前，似乎不難保持這樣的態度，然而，當我們面對失去時，就很難坦然視之了。

據說，生活在這個世紀的人，痛苦指數大於過往任何時代。這個說法挺有趣的，現代人的生活環境、物質享受都遠遠勝過以往，為什麼反而比過去的人們活得痛苦呢？

或許，是因為我們對於所擁有和想獲得的事物過於執著的緣故吧！我們的快樂被那些得不到的憂愁感與焦慮感侵蝕了，我們的愉悅指數也正巧與痛苦指數相互抵消。

一個出社會不久的年輕人，在一家酒店擔任領班，收入不算多，只能勉強餬口，不過他倒挺樂觀的，認為反正太陽落下，不久後總會升起，沒什麼好煩憂的。他那般樂觀的想法總令旁人感到訝異，嘴巴壞一點的人，還會刻意譏笑他天真，不過對於他人的諷刺，他總是一笑置之，不予理會。

他很喜歡汽車，渴望有一天能夠得到一輛屬於自己的車，但是憑他的收入，想要存錢買車不知道是何年何月的事了。他的朋友個個都知道他的心事，一次聚會時剛巧聽見福利彩票已累積多期無人中獎的新聞。有人就說：「不如你去買彩票吧，中了獎不就能買車了嗎？」

於是，他便在朋友們的慫恿下，買了一張兩美元的彩票。

或許是「傻人有傻福」，他竟真的中獎了！雖然不是獲得頭獎，但也有二十萬美元的彩金，足夠他買那輛心中念念不忘的汽車了。

他終於實現夢想買了那輛車，而且只要一得空閒，就開著車四處兜風，快意得不得了。很多人經常看見他吹著口哨、駕著車，奔馳在林蔭大道上，那輛被打理得一塵不染、晶晶亮亮的跑車，總是吸引著大家的目光。

沒想到好景不常，有一天他把車停在樓下，不過一個小時的光景，車子就被偷了。一群朋友聽到這個消息，知道他愛車如命，擔心他想不開，連忙相約前來安慰他。

結果，當衆人來到他家門口按了門鈴，前來開門的他正一邊刮鬍子，一邊唱著歌，完全沒有哀傷的神情，把大家都嚇了一跳。

有人忍不住開了口，問道：「嘿！你不是剛剛丟了那輛跑車嗎？怎麼一點也不難過？」

他聽了竟大笑起來：「我幹嘛要難過？」

他的朋友個個面面相覷，心想這個傢伙也未免樂觀過了頭吧？

他一副無謂地說：「有誰不小心丟了兩美元，會難過得不得了的？」見朋友們紛紛搖了搖頭，他便接著說：「就是啊，我丟的不過是兩塊錢美元，爲什麼要悲傷難過？」

我們的物質生活過得越好，就越沒有辦法忍受物質的缺乏；我們的生活越進步，就越沒有辦法忍受任何一絲的退步。所以，當我們隨著年齡和歷練獲得了更高的工作報酬，一旦局勢更迭，待遇不如以往，心中的苦痛就會分外明顯，這也是許多中年失業人最大的生活危機。

所謂「得之我幸，不得我命」。得到之前，似乎不難保持這樣的態度，然而，當我們面對失去時，就很難坦然視之了。

有一家公司因爲減少公司茶水間提供的飲料種類而掀起一番抗議風波，或許有人很難理解，爲什麼減少原本就很少人取用的飲料種類竟會引起這麼大的反應，但是人就是這樣，只看到「少」這個字就很難忍受。

所以，後來老闆不禁發出了一句感嘆：「如果你不想永遠提供某一種福利，那麼一開始你就不要提供。」

這話聽起來頗有怨懟，倒也點出了實際上的無奈。

就像故事裡的主角，很少人能夠像他一樣，眞實坦然地面對他其實眞正損失的只有兩美元，而不是一輛名貴的跑車。一夕致富當然是美夢成眞，但夢醒了也不過就是現狀恢復罷了。

你可以決定自己的快樂，只要學會善用快樂的想法，樂觀的態度就會導引你走向陽光之處。

你可以給別人快樂，給自己幸福

不帶真心的施予，只是同情和憐憫，得到的人或許不得不收，但卻無法感受到真實的喜悅，也無法真心回饋。

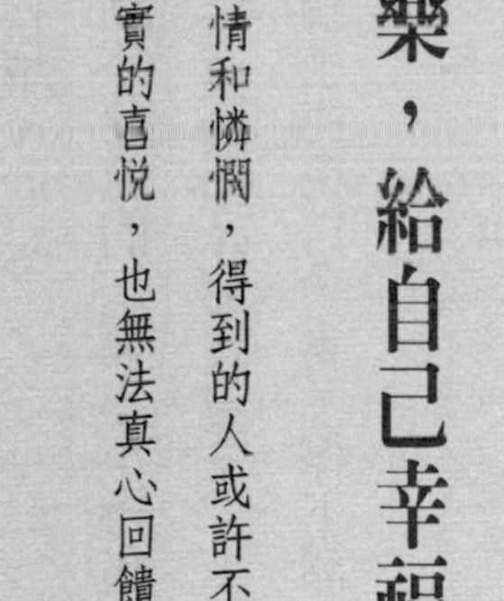

幸福是一種心靈的感受，有時候，我們可以藉由帶給別人快樂的同時，進而創造出自己的幸福。

所謂「施比受更有福」，正是因爲我們能夠從幫助別人的境況中，得到了成就自我的滿足感。

只不過，我們不可以一廂情願以爲自己正在爲他人著想，施予之前，似乎也應該思量一下什麼才是對方所希望獲得的。如此，我們才能眞正從別人的快樂之中，也獲得自己的滿足與幸福。

街口坐著一個衣著襤褸的老太太，她就這麼獨自坐著，不說話也不出聲，一臉茫然，即使路人投以同情的目光，甚至在她面前的破碗中投進零錢施捨，她都一概面無表情，頂多抬起手隨意揮了揮致意。

有一對夫妻迎面走來，他們每天下午都一起散步經過這個路段，也每天都看到那位形容枯槁的老婦人。

妻子想要拿點錢給老婦人，但丈夫卻以爲與其隨意施捨，倒不如眞心想想可以送給她什麼，讓她眞正感到快樂。

夫婦倆繼續往前走去，來到不遠處的一個小小市集，路經一家賣花的小攤子，夫婦兩人相視一笑，丈夫買了一束玫瑰花送給妻子。

當兩人走回了那位老婦人獨坐的街口，妻子停下腳步，將手中的花遞向丈夫，要他送給那位老婦人。

丈夫一看便明白了妻子的意思，從玫瑰花束中抽出一朵初初綻放、形態美麗的花朵走近了老婦人，笑著放進了老婦人空無一物的手中。

老婦人面對這個突如其來的禮物，竟有了不同以往的反應，她低著頭，細細地看著那朵玫瑰花，輕輕撫過輕柔的玫瑰花瓣，終於微微地笑了起來。她抬起頭，望向站在身前的男士，又看了看站在不遠處的女士，笑容漸漸擴大，彷彿那朵玫瑰已為她枯槁的人生注入一股新的生命力。

每一顆心都能夠被感動，只要你找到方法。

一朵玫瑰，可能比任何一個施捨給老婦人的錢幣還要不值錢，但是，隨著花朵而來的眞心，卻是令她感受最深刻的。

善心與善行，最怕沒有眞心相隨，不帶眞心的施予，只是同情和憐憫，是帶有輕視的施捨，得到的人或許不得不收，但卻無法感受到眞實的喜悅，也無法眞心回饋。

我們的心是一片需要精心培育的花圃，既能長出喜悅的玫瑰，也能長出痛苦的雜草。故事中那位面無表情的老太太，接受了一朵看似微不足道卻令她感受眞心喜悅的玫瑰，而她也回饋了一抹最眞心感動的笑容，像一抹和煦的暖陽，照亮那對夫婦的心。

幫助別人，不是一種施捨，而是一種發自內心的眞誠，唯有如此，我們才能爲別人帶來快樂，也爲自己找來了幸福的感受。

越站上高處，身段越要放低

每個人都會有擁有權力的時候，每個人也都會有有求於人的時候，站在人生的高處，能不能學習放下身段，關係到一個人能否久待在高位。

出人頭地，是許多人的夢想，也是一輩子努力的目標，然而，隨著我們越爬越高，有一天眞的出人頭地了，是否還能保持虛心學習的態度？

一個人想要令人心服，除了有高人一等的實力之外，最重要的是有一顆平易近人的心，謹守自我的分際，不以威勢迫人，使得周遭的人都能夠從與自己交往的過程當中獲得尊重。

能夠不因為自己的權位而對他人頤指氣使，自己職責範圍內的工作親力親為，懂得為別人著想，這樣的人才能獲得更多人的愛戴，才能獲得更多友誼。彼此之間都能呈現正成長，事情處理得也就更順利了。

據記載，有一位美國總統以平易近人著稱。據說，他在辦公的時候很不喜歡使用呼叫鈴來傳喚助理，老覺得那種命令的語氣是沒有必要的。所以，十次裡總有九次是他自己走到助理的辦公室，請他幫忙安排工作；只要是和人約定會面，他一定提早到達會客室等待。

由於他在處理日常事物時，總是如此體貼別人，不只不以位高權重的總統自居，更不隨意為他人增添麻煩，也因此，他的屬下及助理，幾乎每一個都是忠心耿耿，樂於為他做事。

一個總統都能夠如此放下身段，一般人為什麼做不到呢？

人與人之間的相處，最重要是相互坦誠以及互相體貼，彼此尊重。為對方設身處地著想，能夠使得友誼更加地貼近，心靈更加契合。

把友誼的框架放大來看，人際關係的處理態度也是如此。不管是上對下或平輩之間，每一種關係層面都應該以誠出發，才能維持良好的互動。

以公司的運作爲例，不同的單位，處理的事務各有分工，也各有不同方式，有時候，我們覺得只不過是一點小事，但是對於接手的負責人來說，可能就是多了一份工作量。

比方說，會計單位對於單據憑證的要求特別嚴格，只要稍有不足，就立刻打回不受理，這種嚴格的態度總是令業務單位感到受不了，有時候單單一個章沒蓋，就領不到錢。所以，兩個單位天天都吵個不停，一個怪對方爲何不能通融，一個大叫如果每個單位都通融，會計作業無謂增加、曠日廢時，對誰都沒好處……

當然，公司的運作，每個工作環節都環環相扣，一個變化，就會牽連整條生產線。如果說，兩個單位的人都能冷靜下來，這件事就可以有不同的發展。會計單位善盡告知的義務，業務單位在申請單據的時候先行檢查，不就可以簡化請款的作業流程了嗎？不會有額外增加的工作，也不會有該領而領不到的款項，豈非兩全其美？

學著從別人的角度想一想，每個人都會有擁有權力的時候，每個人也都會有有求於人的時候，站在人生的高處，能不能學習放下身段，關係到一個人能否久待在高位。

改善人際關係，從自己做起

當你覺得某個人對你不友善的時候，錯可能在他，也可能在你；但是當你認為所有人都與你為敵的時候，有問題的絕對就是你了。

人際關係是一面鏡子，你可以從別人對待你的態度，察覺出自己是一個什麼樣的人。簡單地說，就是你如何待人，人便如何待你。

對人帶著防備，以不友善的態度與人交往，勢必不歡而散，不是你走就是對方走，但是，如果能主動善待他人，笑臉迎人，往往也能得到別人笑臉相迎。

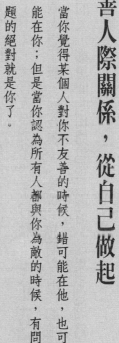

有一位老人就坐在小村落的公路旁。不久，一輛小客車開了過來，在他身邊把車停了下來。車窗搖了下來，車上的駕駛探出頭向老人問道：「您好，老人家，請問您是住在這個村裡的人嗎？」

老人點點頭。那人又問：「老人家，我正在考慮要不要搬到這個村裡來，不知道這裡的村民好不好相處？」

老人抬起頭看了看他，反問：「你想搬離的地方，居民好不好相處？」

那人回答：「我以前住的地方，鄰居都是些很不友善的人，三天兩頭就發生糾紛，實在讓人住得不愉快，所以才想搬走。」

老人聽了，對他說：「唉，先生，我想你可能會很失望，因爲我們這裡的人和他們完全一樣。」於是，那個人便開車走了。

過了不久，又有人停下來向老人打聽，老人也一樣問了他同樣的問題。

這個人想了想，回答說：「唉呀，我們以前住的地方其實蠻不錯的，鄰居都是和善的人，鄰里間的相處也都很融洽，如果不是因爲工作的關係，我和家人可都不想搬呢！」

老人聽了之後，說道：「年輕人，你很幸運，住在這兒的人都和你差不多，相信你會喜歡他們，他們也一定會喜歡你的。」

會不會有人想，這個老人根本沒有誠意回答，只是在耍弄打聽消息的路人？其實，仔細一想，老人的話是頗有道理的。

當你覺得某個人對你不友善的時候，錯可能在他，也可能在你；但是當你認為所有人都與你為敵的時候，有問題的絕對就是你了。你如何待人，別人當然也如何待你，當別人的熱臉貼上你的冷屁股，當然便只此一次，下不為例了。請問，人際關係，有問題的究竟是誰呢？

人與人之間，永遠是相互影響的，不會有人毫無道理地與人為惡，也不會有人永遠無條件地與人為善，你的行動與表現和別人的反應是息息相關的。所以，仔細想想，我們想要得到什麼樣的人際關係，是吵吵嚷嚷、紛爭不斷，還是氣氛和諧、相處融洽？不論你的選擇是什麼，都從自己開始做起吧！

年輕時的失敗，幫助你學習面對打擊

年輕時，身心都處於向上爬升的階段，走錯了路再繞回來就好，總好過年老體衰時，明明知道可以怎麼走，卻也力不從心了。

坦白說，沒有人喜歡失敗的感覺，但是這世上又有誰未曾嚐過失敗的滋味呢？既然逃避不了，何不起身迎擊？征服它，超越它，然後，我們的心就能得到解放，不再受困在挫折感中無法自拔。

懷特·拜納這麼說過：「世界上最大的問題，在細小的時候都可以解決得了的。」這個意思很接近我們常說的一句成語「防微杜漸」，在問題還小的時候就根除，也不致於養成大患了。

不過，換個方式來思考，其實這句話還可以給我們另一個啓示，如果我們能夠先體驗問題所在，是否代表著我們有更長的時間思考解決的辦法？

現實的社會中，工作是衡量人生價值的判斷標準之一，喜歡抽象講法的人說，工作是快樂與幸福的泉源，喜歡實際講法的人則認爲，工作是滿足各種物質需求的重要基礎。

不管怎麼說，工作都是維持生活的重要環節，萬一失去賴以維生的工作，你將用什麼心情面對呢？

在職場上力爭上游的傑森，二十五歲那年，公司突然宣佈倒閉，失業的打擊讓他沮喪至極，而公司積欠他的兩萬元薪資也求償無門，等於付諸流水，這更令他感到氣憤。

當時，一位相當資深的經理對他說：「你眞幸運！」

他聽了差點沒跳起來揍人，忍不住大叫：「我浪費了兩年的光陰，更不用說還有兩萬元的薪水沒拿到，你卻說我幸運？」

那位經理並沒有因為傑森出言不遜而發怒，只回答他：「是的，你很幸運。在年輕的時候就遭遇到挫折，你隨時可以鼓起勇氣，東山再起。要是一個人到了四、五十歲才面臨災禍，連振作的方法都沒體悟過，想學，年紀也大了，想從頭來過又有誰肯給他機會，豈不是可憐多了嗎？」

詩人濟慈曾經說：「失敗，在某一意義來說，是到達成功的道路，因為每一次發覺虛假的東西，便使我們誠懇地找尋真實，一次經驗指出一些錯誤，以後便會小心避免。」

換言之，當我們遭遇失敗的次數越多，我們學得的經驗也越多。

解決問題的途徑和方法有千百種，不見得每一種方法都適用於每一種困境，當我們某一次嘗試失敗時，獲得的經驗不是告訴你什麼是對的，而是告訴你什麼是錯的；知道錯誤在哪裡，下一次你的腳步還會踏錯嗎？

年輕時，身心都處於向上爬升的階段，走錯了路再繞回來就好，總好過年老體衰時，明明知道可以怎麼走，卻也力不從心了。

這也是故事中資深經理心中感所嘆的，年紀大了，一路順遂的人生突然遭逢挫敗，完全沒有抵抗的能力，即使想再從頭來過，也不知該從何處著手，相信挫敗感更甚於年輕人吧！

然而，只要能明白失敗的可貴之處，把每一次生命給予的考驗當作人生的課程，我們終究能夠依靠自己的力量重新站起來。

一句鼓勵，勝過千百句指責

齊頭式的教育是抹煞個人特色的殺手，倘若我們希望未來的社會能夠多元發展，就該給予每一個人自由發展的空間。

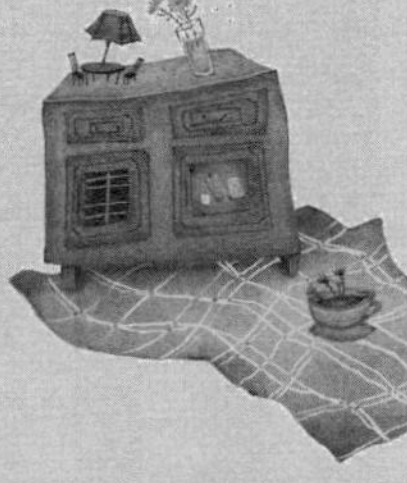

說一句好話與說一句壞話，所花費的其實是一樣的力氣，然而，所獲得的結果卻截然不同。

俄國大文豪托爾斯泰說得很好：「就算在最好、最友善、最單純的人生關係中，稱讚和推許也是必要的，正如潤滑油對輪子是必要的，有了它，可以使輪子轉得快。」

及時且適當的讚美，可以讓美好的言行，不間斷地繼續下去。

來聽聽一個善用讚美的故事吧。

隨著學童行爲偏差事件發生的頻率越來越頻繁、越來越嚴重，教育主管機關召集了多位教育專家學者參與會議，希望藉著大家的力量，一同爲當前教育的失序狀態共商大計。

主席在致辭時，力陳當今社會亂象及犯罪年齡急速下降的困境，希望在場的每一位參與人員，都能夠爲未來的孩子想想辦法。

會議進行了好一陣子，許多專家學者紛紛提出他們的看法，有人支持，有人反對，現場一時間竟好似菜市場般。

而後有一位教育學者發言，他說：「我們可以試著以稱讚孩子來代替挑剔孩子的過失。當然，如果我們看到孩子所做的都是負面的事情時，這樣的舉動便很不容易做到。要想辦法找一些事物來稱許也是很難，但是我們應該去努力嘗試，因爲唯有如此，才能將孩子慢慢地導引到正確的方向。」

這個意見受多數在場人士的支持，決議制定方案積極地進行教育改革。一段時間之後，負責執行、督導的官員回報方案成效時說：「剛開始，對於教育者和學生來說，都是一件很困難的挑戰。但是，教師們努力撇開自己的偏見，在孩子身上找尋優點予以讚美。結果，奇蹟發生了，找尋孩子優點和好行爲變得越來越容易，他們不但日漸減少那些錯誤的行爲，連待人處事的態度也都改變了不少。現在我們不必再像以前那樣糾正他們，因爲孩子們做對的事要比做錯的要多。這些全都是讚美的功勞，即使讚美他們最細微的進步，也比斥責他們的過失要好得多。」

受教育的目的，是爲了學習如何與群體共同生活，在社會中找尋自我的定位，安身立命。然而，現今的教育體制多以成就爲導向，只有一個向度的教育環境，無疑只適用於某一種類型的人。

於是，有人在學校裡如魚得水，既能輕鬆應付，又有相當的學習成就；當然，也有人極端無法適應，逐漸邊緣化，只好逃離校門了。

這些問題都是教育工作者應該費心思量的。每一個人都有他的價值；每一個人也都有適合的場域。齊頭式的教育是抹煞個人特色的殺手，倘若我們希望未來的社會能夠多元發展，就該給予每一個人自由發展的空間。

沒有壞孩子，只有迷途的孩子，他們在學校裡找不到自己的生路，被挫折與沮喪壓得喘不過氣，有些人學會逃避，有些人發怒自毀毀人，最後受害的絕不僅止於他們自己。

父母師長們多讚美、鼓勵孩子、引導他們發揮自我的長才，就是爲社會的未來注入一份希望。

用比較心理激勵自己

聰明的人，可以虛心學習對方的長處，以此為行動的目標和動力，一邊沉澱累積自己的實力，一方面等待時機發揮長才。

美國思想家桑塔亞那曾說：「競爭的本能是一種野性的激勵，一個人的優點會透過競爭，從另一個人的缺點顯示出來。」

比較與競爭看似是破壞社會和諧的主因，但實際上，它是促進社會不斷向前飛躍的重要助力，全看我們用什麼心境面對。

每個人都不是完美的，我們不難見到，在某一個領域拿手的人，在另一個領域往往顯得十分蹩腳。

幸好，老天爺送給我們一份很大的禮物，就是學習的能力。我們或許剛開始不如人，但是我們可以學習，可以效仿，更可以磨練，藉此增強自己的能力，局勢不會永遠是一面倒的情況。

來看看不同的人在看待事情時，心態有什麼不同。

同樣是參觀高級社區，居住的都是富商名流，建築風格獨具且富麗堂皇，出入都是名牌轎車，雖然社區景色宜人，看了令人賞心悅目，但一般人一定會心想：「看到別人的生活如此奢華富貴，難道不會嫉妒嗎？」

可是，卻有人認爲參觀這樣的場所是相當有收穫的。

甲說：「爲什麼要嫉妒呢？他們能有今天，不過是因爲剛巧遇上了個好機會，將來這個機會落在我頭上，我肯定能比他們做得更好。更何況，這樣的氛圍可以提高我對於尋找機會的積極度，更會讓我產生一股奮鬥的動力，這不是很好的收穫嗎？」

乙說：「當然嫉妒囉！不過，當你發現那些成就比你高的人，自然就千方百計地接近他，與他拉關係，向他討教成功秘訣，向他學習成功經驗。等把他的訣竅學全了，自己暗中努力、發憤工作，再善用自己的長處，想盡辦法去超越他，下一個成功的人可就是我了。」

發現對方強過自己，嫉妒的情緒可能是免不了，但是嫉妒之後，可別忘了觀察對方的優勢與訣竅，加以學習轉化。

更重要的是，無論如何，絕不輕看自己，以自我的優勢結合他人的成功經驗，才能真正的進步。

這是一個高度要求效率與成果的時代，每個人打從出生開始就面對了一項又一項的要求與考驗——快快長大，快快學習，快快出社會，快快有成就……不只不能輸在起跑點上，還要跑得比別人快才行。

比快、比好……好像事事都得分個高下不可，但其實如果不能對自己保有足夠的信心，任何一項比試都會在起跑點上輸了一步。

聰明而成熟的人，可以虛心學習對方的長處，以此作爲行動的目標和動力，一邊沉澱累積自己的實力，一方面等待時機發揮長才，等待一飛沖天、一鳴驚人的時候來到。

改變心情，就能心想事成全集

作　　者　黛　恩
社　　長　陳維都
藝術總監　黃聖文
編輯總監　王　凌
出 版 者　普天出版家族有限公司
新北市汐止區康寧街 169 巷 25 號 6 樓
TEL / (02) 26921935 (代表號)
FAX / (02) 26959332
E-mail：popular.press@msa.hinet.net
http://www.popu.com.tw/
郵政劃撥 19091443 陳維都帳戶
總 經 銷　旭昇圖書有限公司
新北市中和區中山路二段 352 號 2F
TEL / (02) 22451480 (代表號)
FAX / (02) 22451479
E-mail：s1686688@ms31.hinet.net
法律顧問　西華律師事務所・黃憲男律師
電腦排版　巨新電腦排版有限公司
印製裝訂　久裕印刷事業有限公司
出 版 日　2018 (民 107) 年 12 月第 1 版
ISBN◉978-986-96524-8-3　　條碼 9789869652483

國家圖書館出版品預行編目資料

改變心情，就能心想事成全集／
黛恩著.—第 1 版.—：新北市,普天出版
民 107.12 面； 公分. - (生活良品；01)
ISBN◉978-986-96524-8-3 (平裝)

生活良品

01

普天之下・盡是好書

普天出版家族 Popular Press Family

淩雲文創